THE ART AND CRAFT OF
TEA

茶楽

著 者
ジョセフ・ウェズリー・ウール

日本語版監修
磯淵 猛

翻 訳
岩田 佳代子

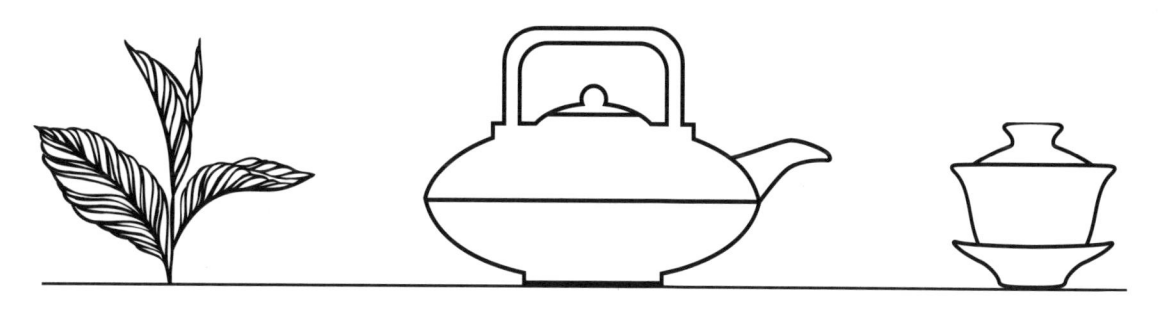

世界のおいしいお茶、完璧な一杯のためのレシピ

お茶との触れ合い

　巻末に著者のジョー・ウール氏が茶園を背景に笑顔で紹介されています。氏は弁護士という仕事を持っていましたが、それを辞めてお茶の会社を立ち上げました。弁護士よりも茶のほうに魅力を感じたのです。

　世界各国の茶園を回り、紅茶の歴史を作ったイギリスや関連した諸国の茶の楽しみ方を見るうちに、茶と人間との関りにどんどん引き込まれていったのでしょう。仕事の内容は違いますが、私も28歳で脱サラをし、紅茶を輸入販売する会社を作りました。年に何度かスリランカやインド、中国、イギリスを訪れ、茶園、茶摘さんたち工場、飲む人たちと触れ合います。本著を監修しながら著者がとても茶を愛し、作る人や飲む人たちを愛しているのが強く感じられました。

　800年の緑茶の歴史を持つ日本では、緑茶を日本茶と称し、半発酵茶の烏龍茶や紅茶とは別の物として考えています。しかし、中国6大茶と言われる白、黄、緑、青、紅、黒茶と、日本の緑茶やインド、スリランカの紅茶は、同じカメリアシネンシスで同じお茶の木であり同種類のものです。製茶方法によって香味が変わり、嗜好が選ばれているに過ぎません。

　本著では茶を世界の飲料として、茶全体を一つの未来的な飲み物として紹介しています。製茶によって異なるそれぞれの個性、飲み方、アレンジの仕方、さらにハーブやスパイス、リキュールなどの副材料とのマッチングによって、魅力的なカクテルも多く紹介されています。

　中国で発祥し、3000年の歴史ある茶は、ほんの300年足らずの間に世界中に広まりました。著者はきっとこう思っているに違いありません。

　どこの国に行っても「お茶をどうぞ」って言われ、お付き合いが始まったと。

　私もまったく同感なのです。

磯淵 猛

アーウィン・R・ウールへ　わたしがどこへでも好きなところへ行って、
種をまき、苗木を育てられるよう背中を押してくれることに感謝して。

目次

PREFACE
はじめに

お茶は、世界中で最もたくさん
飲まれている飲料の１つであり、
ほぼどこにでもあります。
けれど、一口にお茶といっても、
具体的にはどういったものを
指すのでしょう。
単なる飲み物のことでしょうか。
あるいはダイエット薬？
がんの特効薬？
神秘的な世界への入り口のこと？
もしくはスキンバーム？
花ですか、ハーブですか？
それとも、
ただの消費財なのでしょうか。

わたしが本書を執筆したのは、お茶の定義について考えていくためであり、俗説を排し、事実を明らかにしていく一助とするため、そして、世界の歴史においてはもとより、日々の生活においてもお茶がいかに重要な位置を占めているかを説明するためです。本書の執筆で、お茶の持つさまざまな魅力を明らかにできれば、これほど嬉しいことはありません。

とにかくたくさんお茶を飲む方、ごく普通に飲む方にとっても、あるいは、世界でも１、２を争うほど丹念につくられている農産物のことをよく知りたいだけ、という方にとっても、本書は何かしら役に立ち、その興味を満たしてくれるでしょう。本書を執筆しながら、つねに心がけていたことがあります。それは、お茶の持つすばらしい魅力は、その葉や、葉を加工してつくられる飲み物、そういった飲み物と人との関係性にあるのではなく、その大きな力──自分はお茶を介して、世界中の人たちとつながっていると人々に感じさせてくれる力にこそある、ということです。

PART 1: TEA
お茶

WHAT IS TEA?
お茶とは

ヒマラヤ山脈の丘陵地帯で、
カメリア・シネンシスという植物の葉を
薬としてかんでいたのがお茶の
はじまりでした。そして今から数千年前、
その葉を保存する方法を編み出したのが
中国人です。またその際、葉をより長持ち
させるだけではなく、お茶をより遠くまで
運べる技術も考案したのでした。
そして、お茶の運搬可能な範囲が
広がっていくにつれ、各地で新たに
お茶の栽培がはじまり、独自の加工技術が
考え出されていったのです。
新たな方法を創造して、それを共有し、
そこからまた新たな技術を生み出していく。
そうやって歴史を積み重ねていく中で、
さまざまなタイプのお茶が誕生して
きました。わたしたちがよく知っていて、
今でも楽しむことのできるお茶は、
何千、とまではいかなくても、
何百種類にものぼります。
そしてそのすべてのもとになっているのは、
たった1枚の葉なのです！

文化の象徴としてのお茶の歴史

THE HISTORY OF TEA AS A CULTURAL ICON

お茶の歴史において
意味のあるできごとを
時系列にそって並べていく。
そこから書き起こすのが、
お茶にかんする本では
暗黙の了解に
なっているようです。

しかしながらそのような書き方では、お茶の何たるかを理解していただく一助とはなりません。いろいろなできごとを時系列にそって並べただけでは、お茶の歴史をまとめることはできないのです。その歴史は複雑で波乱に富んでいます。この3000年のあいだに供されてきたお茶の数に引けをとらないほど多彩なのです。

そしてお茶は、その複雑な歴史の中で、たえずさまざまな人に影響をおよぼしています。新種のお茶を飲む、生まれてはじめてお茶を飲む、お茶を飲むことで、自分自身についての悟りを得たり、より深く理解できた気持ちになる、茶葉を入れたキャニスターを友人にプレゼントする、1杯のお茶を飲んで心を落ち着ける、「もっとお茶を飲みたかった」と思ったり、「お茶派ではないので、お茶は飲みません」と公言したり……。こうした経験をし、気持ちを抱いたりするからこそ、わたしたちはお茶を飲みたい、あるいは飲むまいと思うのです。友人を招いていっしょにお茶を楽しみたい、世界中を旅して、お茶がつくられる過程を学びたい、お茶にかんする本を読みたい、と思うのです。

こういったお茶にまつわる経験や気持ち、考えを理解することが、お茶の「歴史」を理解する一助となります。なぜなら、実際にお茶をお茶たらしめているのは、このような経験や思いなのですから。

物語と神話
STORIES AND MYTHOLOGY

お茶の歴史は、消費される
すべてのお茶の量に匹敵するほど
おびただしいものですが、
お茶の物語は、よくいわれている
ように、数少ない創世神話の
1つからはじまります。
こうした神話は、物語として
面白いのはもちろんのこと、
さらに大事なのは、世界における
お茶の文化的な意義を知るうえで、
重要な手がかりを
供してくれている点でしょう。

儒教に見る起源

お茶にまつわる神話の中でも比較的有名
なものの1つであり、わたしが初めて耳に
したのは、古代中国の皇帝がはじまりだと
いう話です。皇帝は神農といい、農耕や
医療を初めて人々に教えました。神農が
カメリア・シネンシスの木陰にすわってい
たときのこと、手にしていた器に1枚の葉
が落ちてきて、その成分がお湯の中に浸
出したそうです。医療につうじていた神
農は、その葉がお湯を美しい緑色に変え
たことはもちろん、心身ともにくつろがせ
てくれ、気力と体力をみなぎらせてくれる
ことにも気づいたのです。これがお茶の
はじまりでした。

この中国の神話には大きな意味がありま
す。お茶の起源を伝えているからのみな
らず、遠い神話の時代と現代とを結んで、
祖先の偉大な力や身を守る術をわたした
ちに思い出させてくれる一助ともなってい
るからです。この神話は、儒教的なもの
の見方を教えてくれています。また、中国
人の世界観や、お茶への敬意をかいま見
ることもできるでしょう。

仏教に見る起源

わたしが何度となく思いかえす、お茶の
はじまりを伝えるもう1つの神話がありま
す。仏教の開祖ゴータマ・シッダルタ、つ
まりブッダが、山中での長い歩行瞑想の
あとで腰をおろし、心ならずも寝入ってし
まったことがありました。目覚めたブッダ
は、修行がたりずに己を律することができ
ず、睡魔に負けた弱い自分に憤慨しまし
た。そして腹立ちまぎれにまつげをむしり
とり、吹く風のままに飛ばしたのです。こ
のまつげがやがて土に落ち、最初のお茶
の木になったのでした。

前述した儒教の話同様、この神話も独特
な世界観を多少とも見せてくれます。こ
の神話からわかるのは、概して仏教の基
本的な考え方です。物質世界から離れな
ければ、真の悟りは得られないというもの
で、これを表しているのが、まつげをむし
りとる行為でしょう。面白いことに、気力
や集中力を供するお茶の力が、非常に難
解な仏教の教えを理解するのにふさわし
かったといわれています。また、仏教が西
アジアを起点としてアジア全土に広まって
いったのは、お茶の力に負うところも大き
かったとも。儒教の神話と同じく、この神
話もお茶の起源を伝えるだけにとどまりま
せん。やはり、仏教徒の世界観と、お茶へ
の敬意を教えてくれているのです。

西欧に見る起源：
3つの物語

イギリスもしくはオランダの側から書かれ
たお茶の歴史の本を読むなら、通常出て
くるのが帝国の建設と領土拡張の話、つ
まりはスパイの活躍に最新の艦隊戦術、
宝探しにアヘンの取引、そして蓄財の話
です。これらはいずれも、欧州の人たち
の世界観の確立には欠かせません。こう
いった世界観の中で、彼らはお茶とかか
わっているのです。このような話はまた、
西欧では文化としてのお茶がどのような
ものであったのかを明らかにする一助で
もあり、西洋におけるお茶の概念を知る
きっかけでもあります。

物語1──お茶の登場

欧州でのお茶の歴史にかんする本はたいてい、1600年前後の記述からはじまっています。1600年といえば、イギリスが東インド会社を設立した年です。会社といっても、領地を増やし、財を築き、軍隊や要塞を保持、他国と同盟を結び、宣戦を布告する組織でした。こうした力を駆使して東インド会社は、1600年代後半になると、銀と引きかえにお茶を手に入れるようになり、イギリス国王のために莫大な富を獲得していきます。しかしながら、この貿易がうまくいくあまり、1800年代半ばまでにイギリスの銀はほぼ底をついてしまったのでした。そこでかわりに目をつけたのが、ベンガルで獲得した土地から得られる資源、つまり、広大な畑で栽培するケシの実から採取されるアヘンです。こうして、アヘンと引きかえにお茶を手に入れるようになったのでした。その結果、1800年代の中国ではアヘン中毒が激増し、2度にわたるアヘン戦争が勃発（1839-1842年と1856-1860年）、結局中国との貿易は終わってしまいます。1900年代もほぼ、実質的には中止されたままでしたから、中国のお茶業界は必死に知恵をしぼり、お茶のかわりに花やハーブ、スパイスといった商品を熱心に売りこむようになっていったのです。

イギリスが、中国にアヘン中毒を蔓延させてまでお茶を手に入れたがったという皮肉な話は、西洋でのお茶の話題の際にはまず登場しないようです。けれど、現在のお茶の傾向を理解するためには、触れないわけにはいきません。

広く認められていることですが、アヘン戦争が引き金となって、清王朝は終焉を迎えます。政情は不安定となり、それが結局は中国の共産革命へとつながっていきました。さらには1960年代の文化大革命へ。そしてこうした革命によって、中国の特別な「資本主義の」お茶産業は、ほぼ完全に壊滅したのです。

長いあいだ中国との貿易が停止していたため、西洋では、おいしいと評判の中国茶を楽しめませんでした。その後中国は、1980年代と90年代に貿易に対する規制を緩和していきます。それからようやく、中国のお茶産業は息を吹き返していき、西洋でも再び中国茶の魅力が広まっていきました。つまり、西洋で中国茶のすばらしさが「再発見」され出したのは、今からほんの15-20年前に過ぎなかったのです。

す、中国に振り回されることなく、自国で
お茶の市場を完全に支配できる日を。そ
して1839年、アッサムでお茶の栽培を
はじめてからわずか5年後、アッサム産の紅
茶が初めて、ロンドンでオークションにか
けられます。

ロンドンの紅茶鑑定人による査定は、「ま
あまあの品質」でしたが、初めてのアッサ
ム産紅茶に国中が驚くほど盛りあがって
いたうえ、イギリスの市場関係者たちの
後押しもあって、非常に高い値がつけられ
たのでした。実際、イギリスはインドでの
お茶の栽培にとても力を入れていました。
サラ・ローズもその著書『紅茶スパイ──
英国人プラントハンター中国をゆく』（築
地誠子訳、原書房、2011年）で書いて
います、オークションにかけられた紅茶の
最後のロットは、それまでのどのロットより
も高値で落とされ、1ポンドあたりおよそ
168ドルだったと（ちなみにこれは、現在イ
ギリスで売られている大半の紅茶よりも、
はるかに高額でした）。こうして、ブレンド
ティーのイングリッシュ・ブレックファスト
やアールグレイといった定番の紅茶を含
め、現在イギリスで流通しているすべての
紅茶のもととなったものが生み出された
のです。そして、お茶を扱う西洋の会社は
こぞって、さらなる儲けを得る新たな道を
見つけたのでした。つまり、お茶を自社製
造してたくみに市場に参入し、「プレミア
価格」で販売するようになったのです。

こうした話を書くのは、西洋でのお茶の進
化に影響をおよぼしたすべてのできごと
を、細大もらさず綴っていくためではあり
ません。本書のテーマをふくらませてい
くためです。多くのアジア人は往々にし
て、お茶を生活の一部と考えますが、西洋
では、その歴史ゆえに、大半の人がお茶を
商品と見なします。西洋諸国では、お茶
の貿易を介して、丹念につくられた飲み物
や、不老不死の薬、あるいは自己満足のた
めの1つの方法を手に入れるのだ、などと
は考えません。お茶はあくまでも、富を得
るために市場に出回っている商品に過ぎ
ないのです。まずはこの点をきちんと押
さえてください。そうして初めて、お茶に
対する見方や考え方の国による違いがわ
かってくるでしょうし、「お茶」の何たるか
をとても一言では説明できない理由を理
解していただく一助ともなるでしょう。

物語2 ── 商品の開発

イギリスのインド総督は考えました、アヘ
ンを売って中国からお茶を輸入するより
も、インドでお茶を栽培し、それによって、
中国が独占しているお茶の市場に入りこ
めないかと。この計画を念頭に置いて、
総督は現在のアッサム州を併合し（1824
年）、シッキムの藩王（ラージャ）に、西ベンガル州に
あった現在のダージリン地方一帯を割譲
させたのです（1835年）。

1834年、イギリスはアッサム州の新たな
領土内で、お茶の栽培をはじめました。た
だし、ここで栽培したのは（中国で最も多
く用いられている）中国種ではなく、アッ
サム土着の種でした。カメリア・シネンシ
スの1種でアッサム種といわれるものです
（アッサム種もお茶の1種ですが、中国種
とは生理学的、化学的に大きな違いがあ
り、そのため、より苦味と渋味の強いお茶
ができます）。

南アジアではじめたお茶の栽培を、国をあ
げて支援したイギリスは、夢見ていたので

物語3──
西洋におけるお茶の台頭

イギリスは、南アジアにお茶産業を構築しはじめたちょうどそのころ、あることに気づきます。世界では鮮やかな緑色の茶葉が好まれるのを知った中国のお茶加工業者が、プルシアンブルーの顔料と黄色い石こうを使い、茶葉の緑色を際立たせていたのです。プルシアンブルーは、絵画や染色に使われる紺青の顔料ですが、ヒ素も含んでいます！ 緑茶を飲みながら、少しずつ毒を飲まされていたという事実が発覚したことで、当然のことながら、欧州における緑茶の消費は長きにわたって冷えこんでいったのでした。

さらに、西洋と中国とのお茶の貿易がほぼ300年にもわたる中、中国産の緑茶の大半にヒ素が含まれていると知るまで、そして南アジアに、とにもかくにもお茶産業を構築していくまで、イギリスは考えもしなかったのです、緑茶と紅茶の原料となる植物が同じだということを！ イギリスがこのことに思いいたったのは、1843年になってから──アッサムティーが最初に大流行してから4年もあとのことでした。欧州やそのかつての植民地の人たちが、今だに紅茶を飲んでいるのも不思議ではありません！ もしもイギリス人が、インドで栽培した葉を使って緑茶がつくれると知っていれば、西洋のお茶やその文化に対する考え方も、大きく変わっていたかもしれないでしょう。

A BASIC UNDER-STANDING OF TEA

お茶の基本を理解する

西洋における、これまでの150年にわたるお茶の物語は、わたしたちとお茶との関係はもちろん、現在の市況を説明するうえでも重要です。たとえば、昨今のスーパーマーケットをぶらついたり、最近流行しているキッチンをのぞいてみてください。お茶というのは、ドライハーブやブレンドスパイス、あるいは、ドライフラワーやドライフルーツのことかと思ってしまうかもしれません。

ですが、このようにしばしばハーブティーや芳香植物といった間違った表示をされるものと本当のお茶とは、まったく違うものなのです。お茶には独自の歴史があります。原料は、指定栽培地域から採取し、ほかの農産物にはない製造工程を用いています。こうした独自の製法によって、何千種類ものお茶を生み出すことができたのです。しかもそのすべてのもとになっているのは、ツバキ科ツバキ属の1本のすばらしい常緑樹チャノキ。それがカメリア・シネンシス、または単にチャ、と呼ばれるものです！

すべてのお茶は、カメリア・シネンシスという植物が原料ですが、すべてのお茶が、同じようにつくられるわけではありません。お茶は通常6種類に分類されます。白茶、緑茶、黄茶、烏龍茶または青茶、紅茶、そして黒茶です。製造する際の特殊な工程に応じてわけられています。所定のお茶をつくるには、基本的に以下の8つの工程があります。摘採、萎凋、揉捻、発酵、殺青、成形、乾燥、箱詰めです。お茶を、前述した6種類のいずれに分類するか、それを決めるのは、製造方法の違いだけです。

PROCESSING
工程

お茶の味、香り、見た目の変化に
最も大きな影響をおよぼすのは、いうまでもなく、
その製造の工程です。

紅茶のような発酵茶や、烏龍茶のような半発酵茶は、不発酵茶とは味も香りも見た目もまったく違います。これはひとえに、茶葉を発酵させる工程のためです。同じく、「さまざまなお茶」の章にある「蒸す」という項（p.31を参照）で説明しているように、お茶職人が緑茶を釜炒りせずに蒸せば、その味も香りも見た目も大きく変わります。釜炒りの場合、くすんだ緑色で、香ばしい香りになるのに対して、蒸せば、鮮やかな緑色になり、独特の青い香りがするのです。お茶が、ハーブやスパイスなどと大きく違うのは、こうした製造工程における加工技術ゆえといえるでしょう。

PLUCKING 摘採
てきさい

摘採とは、言葉のとおり、お茶の木から葉を摘みとる工程です。
人の手で摘みとるという作業が、
最終的なお茶の味や香りに大きく影響していきます。
手摘みは最もシンプルな方法ですが、
そうすることで木々が刺激を受け、いい樹液
（お茶ならではの味と香りをもたらす液体）を出すからです。
茶畑の木々が樹液を出せば出すほど、
葉は旨味を、お茶は味わいを増してきます。

いったんお茶づくりがはじまると、木はほぼ1年近く葉を摘まれ続けます。これは、葉をよりたくさん集めるためのみならず、花が咲かないようにするためでもあります。花が咲くととたんに、木は花の維持に全精力を注ぎ、葉を無理矢理休眠させてしまうため、葉がかたく、傷つきやすくなってしまうのです。かといって、あまりに摘み過ぎれば、木をひどく傷つけたり、枯れさせてしまいかねません。要は、木のすこやかな成長と、おいしいお茶の生産、そのバランスをしっかりととっていかなければならないということです。

ほとんどの茶畑では、木を人の肩より低く刈りこんで、「平らになる」ようにし、高さを揃えています。こうやってつねに刈りこんでおくことで、摘採がより楽に行えるのです。また、きれいに整えられた木々がおりなす無数の列が、山の斜面でゆるやかに波うって、すばらしい景色をつくり出してもいます。こうした栽培の形になってきたのは、比較的最近です。このような形は、仏教の寺院によって導入されました。茶畑を、きちんときれいな形に維持しておくことで、お茶は命をつなぐ贈りものであり、大切に扱うべきものであるという考えを表していたのです。今日では、茶畑をこういう形にしておくほうが、むしろ都合がいいことがわかっています。この形であれば、茶葉を最も効率よく摘めるからです。このように、栽培技術を駆使したより便利な形になる前は、木を「伸びるにまかせて」いました。つまり、今のように低いままで育てるためにつねに刈りこむといったことをしなかったので、大木になっていたのです。今でも、そんな野生の木から摘んだ葉でつくるお茶はあります。けれどそういったお茶はたいてい、とてつもない高値で売られています。葉を摘むのに一段と手間がかかるためであり、「自生」や「野生」の木からつくるお茶は、現代の茶畑で生育を調整されている木からつくるお茶よりおいしいと信じられているからです。

萎凋 (いちょう) WITHERING

高品質のお茶をつくるためには、ほかにも重要な工程があります。
萎凋です。無数の茶葉を成形しやすくし、お茶の製造過程で見られる
大事な化学変化の多くを引き起こす工程で、
お茶の色、味、香りを左右する工程の１つでもあります。
ほぼすべてのお茶がこの工程を経ます。摘まれた葉が、
摘まれてから製造施設に運ばれていくまでの
ほんの20-30分のあいだだけだったとしてもです。
もちろん、すべてのお茶が同じように萎凋されるわけではありません！

萎凋には日光萎凋と室内萎凋の２種類がありますが、いずれも、お茶の複雑な味と香りを生み出すのみならず、お茶の種類を決するうえでも、大きな役割をになっています。

日光萎凋

日光萎凋では、葉の水分を減らし、次の工程で扱いやすい状態にします。すべてのお茶が、少なくとも多少の日光萎凋はされます。まったくされないと、いくら職人でも、お茶ならではの美しい形をつくり出すのがとても大変になってしまうのです。

室内萎凋

一方の室内萎凋は、その工程に一段と時間を要しますが、葉の細胞内の複雑な化学物質の分解をうながして単純な形に変え、お茶にコクと香りを付加します。この室内萎凋の段階で発酵がはじまることもあります。またお茶の種類によっては、室内萎凋の時間を制限することも。それによって、理想の味や香りをつくり出していくのです。あるいは、大半の不発酵茶の場合のように、萎凋の工程そのものを省くこともあります。

揉捻／揉切 RUPTURING/ROLLIND

じゅうねん　もみきり

烏龍茶と紅茶はほかのお茶とは異なります。どちらも萎凋のあとで、葉の細胞を壊していきます。

揉捻または揉切といわれるこの工程では、茶葉の細胞壁を壊すことで、酵素の1種であるポリフェノールオキシターゼを空気に触れさせ、酸化発酵をうながします（発酵の工程にかんするより詳細な説明はp.59の「発酵」の項を参照）。

昔から、葉を揉んでいく揉捻は、人の手で行われてきました。今日ではそれに加えて、人の手による揉捻とまったく同じ動きをする揉捻機が広く用いられています。紅茶と烏龍茶では酸化の割合が異なるため、使用する機械も異なります。ただし、いずれの機械も原理は同じですし、その動きも伝統的な手作業にそっくりです。

1930年代、ウィリアム・マッケルカーが、紅茶製造の新たな工程を考え出しました。それがCTC製法です。CTCというのは、Crush（潰す）、Tear（引きちぎる）、Curl（丸める）の頭文字からとったものです。この機械は、萎凋の工程を経た茶葉を、巨大な歯のついた2本のローラーのあいだに巻きこんでいくように設計されています。茶葉がローラーのあいだをとおっていく際、この歯が葉を切断し、ローラーが丸めていくのです。こうした製法ゆえに、CTC茶は茶葉が独特の形をしているのみならず、酸化発酵もうながされるので、紅茶製造に要する時間を驚くほど短縮できます。また、苦味とコクの強い紅茶ができ、お湯を注げば、すぐにきれいな茶色が出ます。したがって、低級の紅茶を大量につくるには最適の製法といえるでしょう。実際、今日の北米市場では、ティーバッグで売られている紅茶のかなりの割合をこのCTC茶が占めています。

SHAQING 殺青

さっせい

炒る／酵素の活性を停止させる

ほぼすべての種類のお茶を、炒るなどして加熱をし、酸化酵素の活性を止めます。この工程が殺青です。加熱方法はたくさんありますが、通常は85℃以上の高温に30秒-5分間さらします。お茶の味と香りを決める際に、大きな影響をおよぼす工程です。この工程は、お茶をつくるうえでの特徴ともいえるでしょう。

茶葉は大きさも形もさまざまですから、殺青の温度と工程は、すべてのお茶で同じというわけではありません。烏龍茶なら、回転する円筒形の釜に入れて1-5分間、たいていは204-260℃という驚くほどの高温で加熱します。多くの紅茶とほとんどの烏龍茶は殺青をしません。こうしたお茶の酸化発酵は、乾燥の段階ですでに終わっているからです。

DRING 乾燥

すべてのお茶は乾燥させて、水分含有量を4-5％以下にまで減らします。乾燥させて発酵を止めるとともに、水分を飛ばして「常温保存可能」な状態にするのです。

40-50年という時間をかけて、製造業者たちは気づきました。大きな釜で茶葉を一気に乾燥させるのは簡単ですが、そうやってカラカラに乾燥させたお茶は、すぐに味が落ちてしまうのです。そのため今では、科学的に行うようになってきました。1時間ごとに2.8-3.6％の水分を均一に減らしていき、最終的な水分含有量が4-5％になるようにしているのです。

職人の技術
CRAFT

お茶職人の技術や能力が、お茶の味、香り、見た目を大きく左右します。あとで詳述しますが、工程の1つである発酵の時間を微妙に変えるだけでも、お茶の質や味は劇的に変わります。面白いことに、こうした時間を見極めるのは、科学的なデータではなく、職人の勘です。発酵中に立ちのぼってくる香りだけを頼りに判断することがままあるからです。職人は、「これだ」という香りを嗅ぐと、葉を高温にさらして発酵を止めます。味も香りもいいお茶ができあがるかどうかは、職人の腕に負うところがとても大きいのです。

茶葉の水分含有量や大きさは、収穫する地域ごとに大きく違うのですが、概して職人は、摘採された茶葉100kgにつき、15-25kgの乾燥茶葉をつくることができるといわれています。

VARIETIES AND CULTIVARS
品種

チャノキの品種は、必要な条件を満たす特性を有しているものを選び、その後さまざまに手をかけながら、繁殖、普及させていきます。そしてつねに、よりよいものへと改良を重ねているのです。

品種は、お茶の味、香り、見た目を決めるのに大きな役割をになっています。すべてのチャノキはただ1種の植物カメリア・シネンシスからできている。これはお茶の業界ではよく耳にすることですが、そう断じてしまうのはいささか早計です。歴史にまつわる項で書いたように、確かにすべてのチャノキは、カメリア・シネンシスという同じ種に属しているかもしれません。けれど、すべてのチャノキが同じ変種に属しているわけではないのです。実際、インドやインドネシア、ケニア、スリランカなどでかつて植民地支配されていた地には、チャノキを栽培する大規模産業農場があるのですが、その大半で栽培しているのは、アッサム種(カメリア・シネンシス・アッサミカ)という変種で、かつては広く用いられていた変種、中国種(カメリア・シネンシス・シネンシス)ではありません。アッサム種の茶葉から丹念につくられたインドのアッサムティーと、中国種の茶葉からつくられた、中国の福建省の紅茶を飲みくらべてみてください。すぐに味の違いに気づくでしょう。アッサム種の茶葉は、同じシネンシス種のほかの茶葉よりも大きく、苦味と酸味が強いのが特徴です。それぞれの種の葉を顕微鏡で見れば、味が異な

るだけではなく、化学成分も異なっていることがわかるはずです。

さらに、すべてのチャノキがカメリア・シネンシスという同じ1つの種に属してはいても、すべてのお茶が同じようにつくられるわけではありません。中国と日本のお茶の業界には、数々のすばらしい点がありますが、1つあげるなら、数千年の長きにわたって、それぞれの国が、独自の加工技術と好みの味に適したお茶を各地で栽培していく中で、無数の新たな品種を開発し、しかもそのどれもが、ほかにはない品質を有している、ということでしょう。この数千年で生み出されたたくさんの品種はいずれも、形と味と香りのあいまったすばらしいものです。

また、必ずしも同じ品種からつくられるわけではない特殊なお茶もあります。異なる地域の異なる業者が、異なる品種を使って同じ種類のお茶をつくる、ということが普通に行われているのです。たとえば日本には、煎茶をつくるために登録されている品種が30種類以上あります。そしていずれの品種にも、独特の味や香り、形があるのです。中国や日本の各地でつくられるお茶の味がそれぞれに異なるのは、地域ごとに用いられる品種が違うから、というのが大きな理由といえるでしょう。

TYPES OF TEA
さまざまなお茶

長い歴史を有し、味、香り、形の多様性でも抜きん出ています。
緑茶の味の違いを決めるのは、使用する品種、茶畑の土、
そして栽培の環境条件です。けれど何より大事なのは、
酸化酵素の発酵を止め、乾燥させる際の職人による正確な判断で、
それが緑茶の味と香りに大きく影響してきます。
つまり、緑茶を製造していく過程で、
その特性を決めていくのに最も重要になってくるのが、
殺青の工程といえるでしょう。

緑茶
GREEN TEA

殺青（さっせい）

ほとんどの緑茶が日光萎凋（いちょう）されます（室内萎凋についての詳細は「工程」の章を参照）。萎凋し、成形しやすくしたあとは、熱を加えて、酸化酵素（茶葉の発酵をうながす酵素）を不活性化したり、「殺したり」します。緑茶をつくる際には、それを４つの方法から選びます。つまり、酵素の働きを抑制し、茶葉の発酵を止めて、緑茶をつくる方法が４つある、ということです。それが、蒸す、熟鍋、天日干し、釜炒り、です。

蒸す

茶葉を蒸すのは、中国の伝統的な殺青の方法です。とはいえこの方法は、現在の中国ではほとんど用いられていません。一方で、これを主要な方法として酸化酵素の抑制を行っているのが日本の緑茶です。これは非常に興味深いことだといえるでしょう。というのも18世紀の半ばごろまで、日本人はお茶を決して蒸さないと信じられていたからです。茶葉を蒸すことで、独特な「草を思わせる」味と香りが生まれます。と同時に、日本の多くの緑茶に見られる鮮やかな緑色も。草を思わせる味のお茶は、「青い」味と表現されることもままあります。蒸した緑茶の中でも特によく知られ、高い評価を得ているものといえば、日本の緑茶である玉露と煎茶でしょう。

熟鍋

茶葉を炒るのは、パンを焼くのと同じで、大きな釜を使います。こうした茶葉を炒る工程は往々にして、大量に処理する低品質の緑茶に用いられます。大量の茶葉を炒る、それも特に自動の大きな釜で炒るのは非常に経済的ですが、工程を自動化することで、できあがる茶葉からはどうしても、鮮度や繊細な味わい、複雑な香りが失われてしまいます。

茶葉を炒ることで、お茶の品質がさがることはよくありますが、炒ってもなお高級なお茶があります。こうした高級なお茶と低級なお茶との違いは、後者が自動で炒られている、ということです。自動で炒る場合、高級なお茶に求められる繊細な味や香りを生み出すことはできません。茶葉を炒ってもなお、複雑で繊細な味を生み出すには、概して177℃前後の高温で短時間だけ炒って、酸化酵素の働きを抑制します。

酸化酵素を破壊、あるいは抑制し、発酵を止めたら、再度、葉を成形して、炒り、冷ますという工程をくり返します。そうやって、理想の形、味、香りをつくりあげていくのです。こうした炒る工程を経る高級な緑茶としてあげられるのが、六安瓜片（ろくあんかへん）と太平猴魁（たいへいこうかい）です。

天日干し

その名のとおり、マットなどの上に葉を広げて、太陽の力で乾燥させます。葉はときどきかき混ぜたりして、均一に乾燥するようにします。生葉の状態に比べて、水分含有量が40％程度にまで減ったら、火入れをします。酸化酵素を抑制する、この非常に古くからある方法を今日主に用いてつくられているのは、黒茶です（詳細は「黒茶」の項を参照）。

乾燥

殺青後、最後にすべての緑茶は乾燥させます。今日、大半の緑茶の乾燥は釜やドラムで行います。中国では、今でも多くの高級緑茶が籐製の乾燥機で乾燥されているのを目にすることがあるでしょう。籐かごの中の茶葉に熱風を当てて回転させるのです。この方法だと、茶葉本来の甘味を残すことはできますが、非常に時間を要します。茶葉には、１度にほんの数分だけ熱風を当てて、すぐに冷まします。この乾燥と冷却の工程をくり返して、最終的に茶葉の水分含有量を5％以下にするのです。

茶葉を炒るのは安価な方法ですが、味に深みがなくなるため、この方法が用いられるのはたいてい、ジャスミン茶のような非常に香りの強い緑茶になります。この香りは、ベースとなる緑茶の品質の中に隠れているため、大量生産でベースの緑茶の品質が多少落ちても問題ないのです。また、もともと使うのが低級の緑茶ですから、ジャスミン茶として売ることでかなりの利益をあげることもできます。しかも、新鮮なジャスミンの花のような甘い香りがしますから、市場での人気も非常に高いのです。

釜炒り

釜炒りはもともと、中華鍋を直火にかけ、手作業で行っていました。けれど今日、手作業で行うのは、最高級緑茶だけです。それ以外のお茶は、高温に加熱した回転ドラムかほかの特許設備に入れ、茶葉を回転させながらいっせいに炒っていきます。ドラムなどの性能もよく、きちんと管理していれば、茶葉と熱い金属との接触がメイラード反応を引き起こします。これは、茶葉が一定の温度に達すると、茶葉に含まれるタンパク質と糖がアミノ酸と反応するもので、それによって、独特の味と香りを生み出す物質が形成されるのです。もっと簡単にいうなら、メイラード反応によって、ローストナッツのような独特の味のお茶が生まれる、ということです。

あらゆる釜炒り緑茶の中で最も高級なものといえば、龍井茶（ロンジン茶）でしょう。このお茶が有名になったのは、産地の杭州が大都市上海に近かったからなのか、あるいは本当に、このうえなくまろやかで甘い緑茶だからなのかは定かではありません。けれど、上質の龍井茶を1度味わえば、その自然な甘さとナッツを思わせる香りに、とりこになってしまうことだけは間違いありません。

褐色化と間違われることもあるメイラード反応ですが、この反応が最もよく関係しているものといえば、ステーキやコーヒー、キャラメル、トーストの、あの何ともいえない色と香りでしょう。メイラード反応は、アミノ基と還元糖による非酵素的褐色反応で、食物の香りや味、色味に複雑な変化をもたらします。この反応は、ある種のお茶に理想的な甘さやナッツの風味をもたらすうえで非常に重要です。しかしながら、反応をコントロールして均一な味のお茶をつくるのは、非常に難しいといえます。ブリティッシュコロンビア大学の化学者たち曰く、ある1種類のお茶の味を適切な濃度と比率のもとにつくりあげるには、100-200もの化学物質の生成を待たなければならないかもしれないそうです。さらに、メイラード反応の際に生成される化学物質も、葉のph値や水分含有量、温度、また湿度をはじめとする環境の変化といったものに大きく左右されます。この複雑さゆえに、お茶職人は尊敬されているのです。だからこそ、手作業で釜炒りしたお茶と同じ味、香り、色味を再現していくには、生涯をかけて学んでいかなければならないのです。

中国のあらゆる歴史と同じように、中国茶の起源についても諸説あります。龍井茶も例外ではありません。このお茶の名前は、杭州近郊にある天然の井戸に由来します。この井戸は、最もひどい日照りのときでさえ決して枯れなかったと伝えられていて、それをたたえるため、上海と杭州の盆地を視察していた清朝の乾隆帝が、この井戸に「龍の井戸」と記したらしい、というのです。この天然の井戸と乾隆帝、龍井茶との関係は、はっきりしていませんし、つじつまの合わないところもあります。にもかかわらず広く認められているのは、この井戸の水からつくられる龍井茶は、すべての人が味わうべき最高にすばらしいお茶の1つだ、ということです。龍井茶は昔から、「四絶」と称されています。お茶に求められる4つの要素、つまり、ヒスイのような緑色、甘い味わい、まろやかな香り、きれいな形がすべて完璧に揃っているのです。この四絶は詩にも詠まれるほどですが、実際は往々にして、茶畑の場所や摘採の時期、葉のやわらかさといった、もっと現実的な面に重きが置かれています。

今日、日本の緑茶はそのほとんどを蒸していますが、日本独自の釜炒りした緑茶もあります。それがほうじ茶です。この茶色い緑茶は、19世紀初頭にお茶商人が、低級茶葉を炭火で炒ったのがはじまりといわれています（この工程は現代化され、昨今ほうじ茶の製造業者はドラム式の焙煎機を使っていますが、これは、コーヒーの焙煎機と似ています）。ほうじ茶は、炒ることで、茶葉の独特な赤茶色はもちろん、非常に香ばしい香りとあっさりとした味わいがもたらされます。ほうじ茶に用いられる茶葉は、収穫時期の後半に摘まれ、選別されることはまずありません。したがって、茶葉以外の部分が混じっていて、ほかの大半のお茶に比べてカフェインが少なくなっています。日本人は、ほうじ茶を午後、あるいは夜飲むお茶として好むことがめずらしくありません。また、子どもにお茶を飲む楽しみを教えるに際して、まず最初にほうじ茶から飲ませていくことも多いようです。

白茶
WHITE TEA

ほかのお茶に比べて、今日白茶と称されているお茶の歴史は
非常に浅いものです。中国南東部にある福建省福鼎県で
生産されており、つくられはじめてからまだわずか200年しか
たっていないといわれています。
白茶という名前は、お茶の色が薄いから、ではなく、
まだ閉じたままの新芽にびっしり生えている銀白色の産毛に由来します。
今日市場に出回っている白茶は歴史の浅いものばかりなので、
緑茶や烏龍茶ほど種類が豊富ではありません。けれどその分、
初心者が手を出しやすく、理解しやすいお茶といえるでしょう。

工程

6種類のお茶の中で、概して最も工程数の少ないのが白茶です。実際、摘採のあとは2つの工程しかありません。萎凋と乾燥です。昔から白茶は天日干しか陰干しで、自然の風に当てて水分を飛ばし、乾燥させています。大半の緑茶と違い、白茶は、1度に大量の茶葉を萎凋します。また中には、萎凋にじっくりと数日をかける製造業者もいます。

萎凋が終わると（水分含有量が10%以下になるまで行う場合もあります）、次は乾燥です。乾燥の方法は、産地によって異なります。ほとんどの基地が独自の技術を有していますが、葉をカゴ状のものに入れて、下から温風を当てていくというのが基本です。この方法だと、速いのはもちろん、均一に乾燥させることもできます。最近は、機械を使って乾燥させる業者も増えてきています。機械なら、一段と均一に乾燥させることができ、乾燥のスピードも調節しやすくなるからです。

種類

主な中国の白茶は3種類、銀針、白牡丹、寿眉です。白茶は本来「等級わけ」はされませんが、等級という概念を用いることで、この3種類の白茶のことがよりよく理解できるでしょう。最高級の白茶は銀針です。大白種という品種の、芯(まだ開いていない芽状の茶葉)だけを摘んでつくられます。白牡丹は中級茶といえます。これは、一芯二葉といって、芯と、その下の2枚の葉の部分を摘んでつくるお茶です。そして、中国の白茶で1番等級の低いのが寿眉になります。世界のほかの地域でも白茶づくりがはじまってきていますが、茶葉を見たり、お茶の味を確かめることなく、その品質を見極めるのは難しいでしょう。というのも、新たに白茶づくりをはじめた地域では、新しくできたお茶に、それぞれ独自に名前をつけているからです。

白茶にまつわる誤解はいろいろありますが、その1つが、白茶はほぼ発酵しない、というものです。白茶の中でも特に寿眉は、茶葉を山のように積みあげて、長い時間をかけて萎凋を行っていきます。これによって葉の細胞構造が壊れ、往々にして発酵がはじまるのです。お茶の製造業者は、白茶がわずかながら発酵することをよく知っています。特に等級が低い白茶ほど顕著です。発酵度数は5-6%程度ですが、10%にまであがることもあります。

銀針には、覚えておいたほうがいい特徴がいくつかあります。まず、最高級の銀針は、白毫銀針と称されます。これは、新芽の先端だけを摘んでつくられるお茶です。それゆえに、銀針の中でも最高級であるのみならず、最も貴重であり、当然最も高価になります。もし、白毫銀針を扱っていると謳う店を見つけても、びっくりするような値段でなければ、おそらく等級を間違えているのでしょう。もっとも、こうした等級わけは、説明を便利にするためのものに過ぎません。ほかにも、福建省で生産されている主要な3種とは一線を画している白茶があります。中国以外で目にするのは非常に難しい、とても貴重な摩霄玉露などです。しかしながら、この3種の白茶についてしっかりと理解できれば、白茶のことはほぼわかったといってもかまいません。

次に、本物の銀針茶と呼ぶべきは、大白種からつくられたお茶ですが、すべての大白種が同じように栽培されているわけではありません。同じ中国の福建省の中でも、その北側に位置する政和県と、南の福鼎県には、それぞれ独自の大白種があります。政和大白種と福鼎大白種です。そのため、同じ銀針茶でも、当然この2種類は違ったものになってきます。政和大白種は、福鼎のものに比べてボディが強いようです。政和の村々では伝統的に、茶葉を積み重ねたうえで、長時間かけて萎凋を行っているからです。福鼎大白種のほうは、より軽い味わいになっています。これは、概して葉を積み重ねないようにしているからです。

寿眉は、充分に成長した大きな葉だけを、収穫時期の後半に摘むという、独特なお茶です。寿眉ならではの香りと花のような味わいは、半発酵の烏龍茶に似ているとよくいわれますが、それに対する最適な説明があります。いずれのお茶も収穫時期の後半に摘まれること、また、寿眉は長期間の萎凋によってわずかながら酵素発酵が見られますが、それが烏龍茶の半発酵状態と似ている、というものです。

寿眉はこれまで、「大衆的な」お茶という扱いでしたが、世界中でお茶への関心が高まってくるにつれ、ほかに類を見ない、特別なお茶として売られるようになってきました。もともと大衆向けに低価格で販売されているので、製造業者の倉庫には、これまでに収穫した茶葉が大量に保存されています。そのため今では、茶葉の収穫年を前面に押し出しての販売が一般的になってきたのです。ワインよろしく、古くなればなるほど価値が出てくるかのような扱いです。確かに、寿眉の味わいや香りは時間とともに変化していきます。ただし、こうした経年変化をよしとするかどうかは、飲む人の好み次第です。

紅茶
(いちょう じゅうねん)
BLACK TEA

すべての紅茶の基本的な製造工程は、蒸凋、揉捻、発酵、乾燥です。
紅茶はほかのお茶とは
大きく異なります。
高濃度のカテキン(つまり発酵時に
生成されるポリフェノール)が
大量に含まれているからです。
紅茶は、工程の中でもことのほか
発酵が重要であることから、
お茶の世界でも特異な存在で
あることは言を待ちません。

発酵

紅茶の香りは、発酵の長さと時間によるところがあります。紅茶の製造にはたくみな技術が必要です。発酵の過程で、香りはどんどん変化していくうえ、人気の香りは、ある時点を過ぎると一気に消えていくからです。

発酵を左右する独自の要因は6つあります。したがって、この6つの要因が紅茶の味わいを決するといえます。

1つ目は温度です。概して、紅茶の発酵をうながす最適な温度は29℃前後といわれています。この温度が多少でも変動すると、葉から失われる水分量に大きな影響が出てきます。そして、発酵するカテキンの量や種類にも。

2つ目は、葉の発酵に欠かせない蒸凋を、いかに均一に、しっかりと行うかです。蒸凋が均一でなかったり、短時間しか行われなければ、葉によってカテキンの発酵が異なってきて、お茶の味が変わってしまいます。

3つ目は、葉の大きさや厚みです。これによって、葉のカテキンが酸素と反応するのに要する時間が変わってきます。

4つ目は、同じ地域の同じ品種から摘んだ葉であること。異なる地域の異なる品種や葉を混ぜると、発酵が均一に行われなくなる場合があります。葉が異なれば、発酵の力も異なってくるからです。葉の大きさが違ったり、木の生育状況が違う、といったケースもあるでしょう（たとえば、まんべんなく太陽の光を浴びて育った木もあれば、一部分がずっと日陰になっていた木もある、などです）。こうして発酵にばらつきが見られると、味や品質にもばらつきが出てくるのです。

5つ目は、葉を発酵させる際、職人は、紅茶ならではの4つの味わいを見きわめていかなければならない、です。4つの味わいは、さわやかさ、新鮮さ、渋さ、力強さになります。この4つはそれぞれ、発酵の異なる過程で現れ、消えていきます。したがって職人は、いずれの味わいを際立たせるかを決めなければなりません。と同時に、ほかの特徴もそれぞれバランスよく配していくようにしなければならないのです。

6つ目は、発酵を行う環境です。発酵が最初から最後まで均一に行われるか否かは、その環境によるところが非常に大きいといえます。酸素の量、室温、風、混入物などの有無といったことが、発酵の全体的な質に大きく影響してくるのです。

紅茶の味を左右する そのほかの多様な 物質

紅茶の品質や味わいは、葉に含まれる可溶性物質の量によっても違ってきます。可溶性物質は、お茶を製造する際、さまざまな工程で溶解する物質で、この溶解が特に顕著に見られるのが、紅茶の場合は発酵の工程です。紅茶に独特の味わいと香りをもたらしているのがこの溶解といえます。茶葉に含まれる可溶性物質は、茶葉の品種はもとより、その生育地によっても違ってきます。可溶性物質をどの程度含有しているかは、品種によって異なるのはもちろん、同じ品種であっても、違う地域で栽培されていれば、おのずとその度合いも変わってくるのです。

紅茶を評する

紅茶の品質を評価する際のポイントの1つは、葉がどれだけしっかりと撚れているか、です。概して、紅茶の等級が高くなればなるほど、葉はしっかりと、そして均一に撚れています。反対に等級が低くなればなるほど、巻きはゆるく、不揃いです。とはいっても、葉の巻きがきついかどうかでわかるのは、お茶の味よりもむしろ、その葉が扱いやすいかどうかです。したがって、葉の巻きがゆるいからというだけで、飲みもせずにそのお茶ののどごしや味

わいを判断しないでください。より高価だったり等級の高い、巻きのきつい紅茶よりも、巻きのゆるい紅茶の味のほうが好きだという人はめずらしくないのです。

南アジアの格づけ

20世紀、インドから入ってきた紅茶が、お茶の市場を実質的に席巻しました。これによって、格づけに混乱をきたすようになっていきます。ちなみにこの格づけは、お茶の競売業者たちが取引をする際にのみ用いていた、いわゆる業界用語で行われています。

イギリス／インド式の格づけでは、基本的に、茶葉の視覚的特徴にもとづいた言葉を使ってその等級を表します。それぞれの言葉の最初の文字をつなぎ合わせて、頭字語をつくり、それを使ってお茶の等級を表しているのです。等級を決める基準は「オレンジ・ペコ（OP）」です。このOPよりも上の等級にあるアクロニムは、より品質の高いお茶と見なされ、下にあれば、そのお茶の品質はより低いと考えられます。このように、茶葉の格づけの方法そのものが、一般にはなじみのない形になっているため、誤解されることが多いのですが、基準となる等級OPは、「オレンジ」という言葉が使われてはいるものの、お茶の香りや色とはまったく関係がありません。むしろオレンジ・ペコという言葉が示しているのは、ダスト（0.3-0.5㎜程度の粉末状の茶葉）やファニングス（扁平で小さなサイズ、粉砕した粉状の茶葉）などではない、フルリーフ（切断せず、砕かない状態の茶葉）からなる紅茶、というだけなのです。もちろんこの紅茶には、「オレンジ色の芯芽」も入ってはいません。

かつての植民地領で行われていた競売は、そのほとんどが姿を消しましたが、この格づけのシステムはいまだに健在です。どうしてなのか、その答えをわたしは依然見つけられずにいます。ただ、昔ながらのこの等級を見ただけで、すぐにそれがいかに便利でわかりやすいものかは理解していただけるでしょう。

SFTGFOP-1：スーパー・ファイン・ティッピー・ゴールデン・フラワリー・オレンジ・ペコ―グレード1

SFTGFOP：スーパー・ファイン・ティッピー・ゴールデン・フラワリー・オレンジ・ペコ

FTGFOP：ファイン・ティッピー・ゴールデン・フラワリー・オレンジ・ペコ

TGFOP：ティッピー・ゴールデン・フラワリー・オレンジ・ペコ

GFOP：ゴールデン・フラワリー・オレンジ・ペコ

FOP：フラワリー・オレンジ・ペコ

OP：オレンジ・ペコ（基準）

BOP：ブロークン・オレンジ・ペコ

FBOP：フラワリー・ブロークン・オレンジ・ペコ

TGBOP：ティッピー・ゴールデン・ブロークン・オレンジ・ペコ

BOPF：ブロークン・オレンジ・ペコ・ファニングス

BOPD：ブロークン・オレンジ・ペコ・ダスト

烏龍茶
OOLONG TEA

烏龍茶の葉は年間をとおして摘まれます。
そして、生育期後半に摘まれる特別なお茶の中で
大きな割合を占めているのもこのお茶です。
葉を生育期後半まで摘まずにおくことで、
新芽のときにはなかった物質を生成させることができます。
こうした物質が、複雑な製造工程とあいまって、
たくさんある烏龍茶ならではの味と香りをもたらしているのです。

工程

摘採が終わると、比較的短時間（1-4時間）の日光萎凋を行い、静かな場所で冷やします。この短時間の日光萎凋は、概して3回くり返します。その後、通常茶葉がとおるのが「揺青」の段階です。室温20-29℃、湿度80％以上を維持した場所で、ゆっくりと、けれどたえまなく葉を撹拌していきます。継続して撹拌することで、茶から均等に水分が抜けていくと同時に、細胞組織の破壊もうながします。細胞組織が破壊されれば、大気中の酸素が葉の中の発酵酵素と反応して、発酵がはじまるのです。紅茶の場合、茶葉を強く圧迫していく揉捻によって、まんべんなく発酵が進みますが、烏龍茶の発酵は、そうとはかぎりません。揺青の段階で、発酵は葉の外側からはじまり、中心に向かってゆっくりと進んでいきます。このため通常、葉の周囲には美しい赤褐色の輪ができるのです。ただ、現在の市場が均一な見た目を強く要求してくることもあり、昨今の烏龍茶の茶葉に、この独特の赤褐色をした輪が見られることはめったにありません。また、今日の製造業者は、発酵を速めようと、さまざまな技術を駆使しています。こうした新しい技術の副産物の1つが、より均一な発酵であり、それによって、烏龍茶の茶葉ならではの赤褐色の輪をめったに目にすることがなくなったのです。

揺青のあとは、葉を冷ましてから成形します。すべての烏龍茶の茶葉の形は2つにわかれます。1つは、昔ながらの細長くねじれた形。もう1つは、昨今よく見る「トンボの頭」のような形です。端をほんの少しだけ残して、小さな粒状に丸めます。昔ながらの形状にするには、しっかりと揉捻を行い、葉を充分にねじっていきます。もう1つの形の代表といえば、福建省でつくられる鉄観音茶でしょう。揉捻後の茶葉を布で包み、それを型に入れて成形し、あの独特な「トンボの頭」のような形にしていくのです。

発酵

お茶づくりは芸術です。中でも特にそれが当てはまるのが烏龍茶でしょう。烏龍茶は「半発酵茶」で、発酵の度合いも個々の烏龍茶によって大きく異なります。発酵が6-8％の烏龍茶もあれば、85％を超えるものもあるのです。発酵をいつ止めるかは、お茶職人の判断にかかっています。職人がそのよりどころとしているのは2つだけ。発酵中に立ちのぼってくるさまざまな香りと葉の形状です。納得のいく香りになり、葉が思ったとおりの形になったら、200-260℃という高温に茶葉をさらして酸化酵素を不活性化し、発酵を止めます。これだけの高温にさらしますから、この工程はほんの数分しか行いません。高温にさらすことで、葉は非常に成形しやすくなります。発酵を止めるのが早すぎたり遅すぎたりすれば、できあがるお茶の味わいはまったく異なってきます。

発酵を止める場合、多くの烏龍茶は炭火で釜炒りします。これによって、焙煎ならではの「力強さ」が生まれ、濃い味わいになるだけでなく、長期保存も可能になります。つまり、焙煎をすればするほど保存もきくようになっていくのです。ただし深煎りの欠点として、焦げたような苦味が立ってくることがあります。その場合は、味がまろやかになるまで、1年ほど置いておきます。そうすれば、おいしいお茶がいただけるでしょう。

大紅袍は、中国の国宝のようなもの
です。今日でも、もともと大紅袍が
つくられていたといわれている3本
の母木を見に行くことができます。
中国のあらゆる有名な伝説と同じ
で、大紅袍にまつわるそれもただの
言い伝えに過ぎず、語られるたびに
話が変わっていきます。中国福建
省の北部にあり、現在武夷山とい
われる岩山の一帯では、かつて9
頭の龍が暴れ回っていたそうです。
それをしずめるため、神は龍たちの
命を奪い、その死骸を、黒い絶壁に
変えました。そして、自らの勇まし
い偉業をたたえ、この絶壁にチャノ
キを植えたのです。しかもわざわ
ざ高みを選んだのは、人間が切り
倒せないようにするためでした。と
ころがあるとき、瞑想中の僧侶がこ
の木を見つけます。幸い僧侶は、
衣の下に猿を隠していました。

猿なら木の霊魂を害することもな
いので、神聖なチャノキからでも葉
を摘んでくることができます。そこ
で僧侶は猿に言いました、あの断
崖をのぼっていき、1番やわらか
い葉を摘んでおいでと。もっと不
思議な話もあります。この僧侶の
いた寺に、ある青年がやってきまし
た。ひどい胃痛に苦しんでいます。
このままでは、故郷に錦を飾ること
も、家族に豊かな暮らしをさせてや
ることもできません。僧侶は、神聖
な葉でいれたお茶を飲ませてやりま
した。するとどうでしょう！ たち
まち痛みはおさまったのでした。

元気になった青年は、都にのぼり、
科挙の試験を受けました。神聖な
お茶のおかげで頭も冴え、主席で
合格、皇帝に拝謁します。そのとき
青年は気づいたのです、皇帝が自
分と同じように胃痛に苦しんでい
るではありませんか。そこでお茶
をいれて献上し、皇帝の胃痛をなお
したのでした。すると皇帝に命じ
られます、その神聖なチャノキから
新芽をすべて摘みとってこいと。そ
して、摘んだ新芽を傷つけないよ
うにと、それを包む大きな赤い布を
わたされたのです。大紅袍の伝説
は、こうして生まれたのでした。大
紅袍にまつわる物語は、多くの人に
愛されています。そのため、今も残
る母木は武装した兵士が監視して
いて、その木からつくられるお茶に
は、これ以上ない高値がつけられて
いるのです（わずか28gほどで、数
千ドルをこえることもあります）。

乾燥と成形

発酵を止めたら、次は乾燥です。昨今、ほとんどの烏龍茶は、乾燥機で1度に乾燥させます。ただし、高級な烏龍茶、特に武夷烏龍茶などはいまだに、徐々に温度を低くしていきながら、数段階にわけての乾燥を行います。こうして少しずつ冷やしていくことで、武夷烏龍茶の特徴でもある、独特の馥郁とした香りが生まれるのです。

だれもが認める最高の烏龍茶は、福建省北部の武夷山一体を産地とする武夷烏龍茶（武夷岩茶）でしょう。この武夷というのは、チャノキが育つ巨大な岩山の名前です。武夷岩茶の中でも最高のものといえば、大紅袍になります。大昔から、大紅袍はいくつもの神話や伝説の題材となってきました。幸いにして（あるいは残念なことに）今日の大紅袍は、原木から接ぎ木で栽培された茶葉です。大紅袍は、昨今の製法よりも一段と丁寧に発酵させ、その後の乾燥も何度となくくり返します。最近は、発酵も乾燥も、昔からある大紅袍の製法に比べてはるかに少ないものがごくわずかながら流通していますが、それらは、花のような味や香りが目立つお茶になっています。ほかにも有名な岩茶があります。水金亀や鉄羅漢、そして非常に希少な白鶏冠です。

台湾の烏龍茶

台湾では1700年初頭からお茶を製造していますが、烏龍茶の歴史は150年ほどです。けれど今日では、小さな島台湾が、世界の烏龍茶のおよそ20%を供給しています。

台湾における栽培地域は、はっきりと5つにわけられます。北部と中央部、東部、中南部、そして高山地域です。注目すべきは、中央部で栽培されるお茶の大半が、台湾海峡の西に位置する、中国の福建省から持ちこまれた種であることです。

この地域で栽培される最も有名な台湾烏龍茶といえば、凍頂烏龍茶でしょう。この凍頂烏龍茶はまた、福建省の北部で製造される多くの有名な烏龍茶と、はからずも非常に近い関係にあります。これまでの100年で特に大きく変わってきているのが、発酵レベルの低下です。また、味と香りは、中国古来の多くのお茶、中でも特に鉄観音に似せようとしています。

中国の文化大革命は、世界のお茶市場に忘れられない跡を残しました。歴史的に考えれば、台湾の烏龍茶は中国の烏龍茶の足元にもおよびません。けれど西洋と中国とのあいだの貿易が実質的に停止していた1900年代、烏龍茶の市場を支えていたのは、もっぱら台湾の茶農園、それも大半が、台湾市場向けのみの茶葉しか製造していなかった茶農園でした。そして、それから80年以上にわたって、ほぼ台湾烏龍茶しか飲んでこなかった人たちは、その味にすっかり慣れてしまいました。その結果、今や台湾で栽培、製造される烏龍茶の香りが、本家中国における烏龍茶の製造工程に影響を与えるようになってきているのです。この100年で最大の変化といえば、中国の製造業者が自国でつくる烏龍茶の発酵レベルを、代々受け継いできたものよりも大幅にさげ、一段とやさしく、花を思わせる豊潤な香りをつくり出していることでしょう。

黄茶

YELLOW TEA

黄茶の起源は安徽省（あんき）と湖北省です。
その製造量は、お茶の種類の中でも最も少ないかもしれませんが、
その歴史は古く、
早くも唐朝(618-907年)にはつくられていたらしい
との記述が残っています。

黄茶は種類が非常に少なく、そもそも「黄茶」という分類をすべきかどうかからして、意見がわかれています。黄茶は非常に高級な緑茶に過ぎない、という声もあります。緑茶とほぼ同じ製造工程、味、香りをもって、緑茶の最高峰と称するのがふさわしいというのです。かと思えば、黄茶は、殺青（さっせい）後に悶黄（もんおう）という独特の工程を経ているのだから、あくまでも「黄茶」だ、という人もいます。この悶黄は、非酵素的酸化反応を引き起こします。同じ高級茶でも、萎凋（いちょう）を行ってから火入れをする白茶とは、ずいぶん異なる工程です。とはいえ、黄茶が黄茶として認められるか否かといった問題に、わたしは関心がありません。本書にとってより大事なのは、少なくとも過去300年にわたって、いくつかの村では、茶葉を製造するに際し、独自の面白い技法を考案して用いている、ということ。さらに、そういった技法ゆえに、非常に独特な見た目と味のお茶、現在一般的に黄茶と称されているお茶がつくられた、ということなのです。

黄茶の製造工程における技術的な特徴は、一連の堆積（たいせき）にあります。堆積することで、非酵素的酸化反応をくり返し発生させます。そしてこの非酵素的酸化反応によって、黄茶の茶葉独特の見た目と、花のような味わいが生まれるのです。

緑茶同様、黄茶も殺青を行って、発酵酵素の働きを抑制し、酸化発酵を止めます。すべての黄茶は、実質的に釜炒りします。ただし同じく釜炒りをする緑茶と異なり、黄茶はより低温（95-105℃）で炒りはじめ、徐々に温度をあげていくのです（通常はだいたい130℃まで）。

茶葉が充分に加熱されて発酵酵素が不活性化したら、次は悶黄の工程です。茶葉を布または紙で包んで陶器に入れ、ぬれた布で覆って、数日間放置し、高温多湿の状態に置いておくのです。換気もしません。するとこのあいだに非酵素的酸化反応が起こり、黄茶独特の黄色へと葉の色が変化していきます。この悶黄の工程は、特有の黄色い葉のみならず、黄茶ならではの花のような香りももたらし、葉に含まれている、好ましくない苦味も除去してくれます。多くの人が、黄茶を非常に高級な緑茶と称して納得してしまっているのは、この花のような香りと、自然な甘味のせいといえるでしょう。

次に葉を包みからとり出し、再度乾燥させます。これによって葉の水分含有量を減らし、均一にするのです。それから再び、布または紙で包んで陶器に入れます。最初の悶黄と同じで、この工程でも非酵素的酸化反応が起こり、黄茶独特の色、味、香りが増してきます。つくられるお茶の種類に応じて、悶黄の工程は大きく変わることがあります。たとえば北港毛尖(ほっこうもうせん)の場合はほんの数分で終わりますが、温州黄湯(おんしゅうこうとう)だと、数日を要する場合もあるので

す。ただし、その時間に関係なく、2度目の悶黄が終わると、どの葉も乾燥させて、水分含有量を5％以下にします。緑茶や白茶と違い、黄茶は概して低温で乾燥させていき、乾燥の工程が進むにつれて、その温度をさらにさげていくのです。この点は、多くの武夷烏龍茶(ぶい)に似ています。

黒茶
DARK TEA

お茶の中で最も人気のある1種でありながら、
最も誤解されている1種でもあるのが黒茶です。
黒茶というのはプーアール茶しかないという誤解が、
その最たるものでしょう。もちろんプーアール茶は黒茶ですが、
それ以外にも黒茶はあります。すべてのお茶の中でも、
歴史の長さと手間の多さで1、2を争う黒茶は、
その生産量でも緑茶と烏龍茶に次ぐ多さを誇ります。

黒茶がしばしば誤解されるのは、よく「後発酵茶」と称されることにも理由があります。残念ながら「後発酵」という言葉にさしたる意味はなく、したがって、この言葉から黒茶の特徴を理解するのは難しいといえます。黒茶の定義はシンプルで、発酵の工程を経るお茶、です。発酵「後」には何も起こりません。あとはただ、お茶を飲む楽しみが待っているだけです。

歴史

黒茶は、中国では「ヘイチャ」といわれています。この言葉が生まれたのは明朝（1368-1644年）になってからです。ただし、その前身が中国南西部に登場したのは、少なくとも14世紀よりも前のことでした。黒茶の誕生時期にかんする確かな意見の一致は見られていませんが、唐朝（618-907年）では早過ぎるとしても、すでに宋朝（960-1279年）のころにはある種の黒茶がつくられていた、ということに対しては異論はありません。唐および宋朝のあいだ、中国と、南アジアや中央アジアの人々との交易の中心となったのが四川でした。当時の交易路は、広大な砂漠や山々をとおっていたので、交易商人たちは植物や野菜などをほとんど入手できず、道中での食事といえば肉だけでした。それゆえ、お茶は欠かせないものだったのです。お茶は、必要なビタミンやミネラルを補給できるだけでなく、天然の利尿剤でもありました（だから、中国の西と南西部に暮らすほぼすべての少数民族は、今日でも黒茶ばかり飲んでいるのです）。何カ月にもわたる旅の中で、茶葉は水と熱にさらされ続けます。自然と茶葉についた酵母菌や麹菌が成長し、活性化するのに最適な環境というわけです。こうした酵母菌などが活性化することで、茶葉は発酵していき、味や香り、そして見た目が変化し、すばらしいものになっていくのです。

それから1400年。このあいだに中国南西部のお茶職人たちは、こうした旅の環境を再現していきました。お茶の製造工程で、葉を高温多湿状態に置くことにしたのです。この工程は洗練されていき、最終的に中国人が確立させたのが、今日渥堆といわれる技法で、整然とした堆肥づくりを思わせるものです。

工程

黒茶の製造工程は4つ、殺青（酸化酵素の活性抑制）、揉捻、渥堆、そして乾燥です。茶葉は、さまざまな形に圧縮される（緊圧茶）こともあれば、ばらしたまま（散茶）で売られる場合もあります。いずれの形状であれ、黒茶はすべてこの4つの工程を経てつくられます。

発酵

黒茶の製造で最も大事なのが発酵、つまり渥堆の工程です。細菌、それも主として麴カビのさまざまな仲間を茶葉に繁殖させます。発酵のあいだに、葉の化学的な性質が変化し、一段とまろやかで、苦味の少ない味になっていくのです。

今日、茶葉を発酵させる技法は概して3つあります。前述した渥堆と、浸漬、そして混合型です。浸漬はその名のとおり、茶葉に天然の乳酸菌を付着させてから、樽に漬けます。発酵が終わったら、再度乾燥です。この工程は、東欧のザワークラウトづくりに似ていますが、お茶のほうは、しっかりと乾燥させてから店頭に並べます。なお、3番目の技法、混合型は、渥堆と浸漬を合わせたものです。

カビ

緊圧茶の中には、炭で焙ってお茶を「きれいに」し、細菌やカビをとりのぞくものもあります。細菌などを付着させたままにしておくと、当初意図していた味や香りが変わってしまうかもしれないからです。一方、湖南省の茯磚茶や安化黒茶のように、製造工程においてこうしたカビの繁殖をうながすことで有名なお茶もあります。実際、茯磚茶の価値を決しているのは、茶葉に繁殖しているカビの量なのです。このカビは「金花」と呼ばれ、健康にも非常にいいといわれています。したがって、茶葉に繁殖している菌が多ければ多いほど、品質もいいと見なされているのです。

安化黒茶をつくるには、渥堆の過程で「金花」菌を茶葉に付着させなければなりません。その方法は3つです。米粉や大麦粉、小麦粉などと混ぜた、乾燥させたカビの胞子を、乾燥させた茶葉や茎と混ぜる。食塩水に溶かしたカビの胞子を、乾燥させた葉と茎に吹きかける。カビの胞子を直接、乾燥させた葉や茎と混ぜ合わせる。いったん菌を付着させたら、25時間以内に葉と茎を発酵室に入れます。室温は32-45℃に設定し、中に入れておく時間は、5-100時間のあいだで調整します。

黒茶であるプーアール茶には、生茶と熟茶の2種類があります。熟茶は概してアッサム種の葉からつくられます。茶葉を積み重ね、熱や湿気にさらす渥堆の工程を経て、発酵を引き起こしていくのです。一方生茶の原料は、雲南省で栽培されているさまざまな種になります。また、渥堆の工程はありません。かわりに、温度と湿度を管理した場所で、少なくとも3-5年寝かせます。渥堆を行わない生茶でも、黒茶の1種と考えるべきなのか、あるいはまったくの別物と見なすべきなのかについては、議論がなされています。

非常に有名な雲南省のプーアール茶のほかにも、よく知られている中国の黒茶があります。茯磚茶（湖南省）や、青磚茶（湖北省）、六堡茶（広西壮族自治区）、康磚茶（四川省）、金尖茶などです。また、中国の黒茶ほど普及してはいないものの、ほかの国でも発酵茶はつくられています。たとえば日本の阿波晩茶（浸漬発酵）や碁石茶（混合発酵）、タイの漬け物茶ミヤンなどです。

TERROIR
産地

産地の紹介

INTRODUCTION

ワイン業界にならって、お茶の業界でも21世紀初頭から、お茶について説明する際に「産地」という考えをとり入れていくようになりました。

産地、という概念が表しているのは、農産物が生産される場所の地理、地質、気候のことであり、農産物の味を大きく左右するものです。ワイン業界では、この「場所の特徴」をたくみに活用し、同じブドウを原料としたワインでも、世界のさまざまな場所で栽培された点を前面に出すことで、ワインの差別化に成功しています。たとえば、ワインの目利きが往々にして指摘するのが、フランスのブルゴーニュ地方でつくられるピノ・ノワールとアメリカのナパ・ヴァレー産の違いです。前者は、土くさくそっけない味わいなのに対して、後者はよりフルーティだ、と評されます。同じブド

ウを原料としながら、まるで別物のようなこの2つのピノ・ノワールの違いをもたらしているものこそ、それぞれの地方独特の地質、地理、気候、つまり産地の違いなのです。

いいかえましょう。お茶職人に頼んで、同じ品種ながら、中国南東部、台湾、日本という異なる地で栽培された茶葉を原料に、同じ種類のお茶をつくってもらったとしたら、間違いなく、味も香りも見た目も違うものができあがります。それこそが産地の違いです。ただ残念なことに、素人が茶葉から産地の違いを見極めていく

20世紀初頭、中国の銘茶を手に入れられなかったために、世界の多くの国々は、中国数千年の複雑なお茶の歴史の中でつくられてきたすばらしいお茶を味わう機会を失いました。当時西洋のお茶業界は、比較的近年までお茶を生産していなかった国々から、お茶の買いつけをはじめていました。そうやって中国から、かつて植民地領だった国々へと世界中の目が向けられていったにもかかわらず、中国と、規模はわずかながら日本のお茶業界は、単一農園で少量生産するあらゆる種類のお茶にかんして、信じられないほどすばらしい品質のものを提供できる能力に、依然として長けていたのです。実際、中国と日本のお茶は、ほかのすべてのお茶の基準となっていました。無数のお茶を峻別していく工程のみならず、おいしいお茶をつくるために重要な産地も具体的に示すことができたからです。つまり、中国と日本のお茶を理解せずして、お茶を理解することはできないのです。

産地明示の効果
EFFECT OF TERROIR

1980年代、90年代、そして21世紀初頭、中国が少しずつ国境を開放し、貿易を拡大していきました。それにつれてお茶業界も、好機を見い出していくために、着眼点を変えていきます。20世紀のあいだは、お茶をあくまでも日用品として販売していましたが、それを中国のすばらしい特産品として売っていくようになったのです。そのために用いた最も確実な方法が、ワイン業界の真似でした。要するに、何世紀もの時間をかけて、世界中の産地からさまざまな品種や技術革新を経て発展してきたワインと同じように、中国のお茶も発展を遂げていったのです。

のは、非常に難しいといえます。そこで、産地についてよりよく理解したい、ある産地のお茶がことのほか高い評価を得ている理由を知りたい、そう思うのであれば、その産地のお茶をたくさん飲んでみるしかありません。そんな素敵な経験を重ねていけば、やがてそれぞれの産地の特徴がわかってくるでしょう。そして、異なる茶葉でも、産地が同じであれば、共通した味わいを感じることができるようになってくるはずです。同じ産地ならではの地質、地理、環境条件が、こうした共通性をもたらしているのです。

中国の産地

CHINA'S GROWING REGIONS

中国の産地を
考えていくに際しては、
最もわかりやすくするために、
産地を主として
4つにわけていきます。
江北、江南、南部、南西部です。
いずれも、その歴史、スタイル、
そして生産するお茶の種類に
独自性が見られます。

江北(漢江北側)

江北エリアは、山東省、安徽省、河南省、陝西省、甘粛省、それに江蘇省の北部を含む、揚子江の北側の地域になります。この辺りは平均気温が15℃前後と低いため、この気象環境が一助となって、すばらしい緑茶が栽培できます。低温ゆえに茶葉の生育が遅くなり、そのためにお茶の風味が一段と増すのです。この地域にはたくさんの銘茶があります。その中から、最も有名な緑茶を2点あげるなら、信陽毛尖(河南省)と六安瓜片(安徽省)です。またこの地域は、昨今有名になった祁門紅茶(安徽省)の産地でもあります。

江南

全中国茶のほぼ⅔を生産しているこの地域は、揚子江の中流から下流に位置し、浙江省、江西省、湖北省、湖南省、さらに安徽省と江蘇省の南部を含みます。この地域の平均気温は非常に高くなることがあるので、多くのお茶の栽培地は、気温の低い山の高地にあります。四季があり、春と夏には降雨量も多いことから、この地域で生産されるお茶は驚くほど多様です。とはいえ、2013年には記録的な干ばつに見舞われ、チャノキのほぼ¾を失った栽培地もあります。江南で最も有名なお茶といえば、おそらく緑茶でしょう。龍井茶(浙江省)、碧螺春(江蘇省)、黄山毛峰

中国の4つの産地それぞれの特徴をもっとよく理解したいなら、まずは1つの産地の、昔からあるお茶を1種類選び、たくさん飲んで、じっくり味わってください。そうすることで、同じタイプのお茶でも、産地が違うだけでいかに味わいが異なってくるかがよく理解できるようになります。ソムリエが、それぞれの産地の基本となるワインをよく知ることで、ワインの相違を理解していくのと同じで、同じ地域の同じお茶をたくさん飲んでみることにより、それぞれの地域ならではのお茶について、より理解を深めていけるのです。

（安徽省）などがあります。

嶺南／南部

この地域を形成しているのは、広東省、福建省、海南省、そして広西チワン族自治区です。この地域は、白茶、烏龍茶、紅茶の本場でもあります。ここで生産される烏龍茶はことのほか評価が高いのですが、それもひとえに、大半の地が良質の赤粘土の土壌で、それゆえ、烏龍茶に独特の味わいと香りをもたらすことができるからです。またこの地域は、世界でも有数のお茶の産地と見なされています。何よりもまず、生育期間が非常に長いこと、そして、降雨量も多く、平均気温がとても低いためです。白茶、烏龍茶、紅茶の産地としては1、2を争うほどですが、緑茶は、特に品質がいい、というわけでもなく、あまり有名ではありませんでした。けれど昨今、その香りのよさで、この地の緑茶、それも特にジャスミンティーが知られるようになってきています（より詳細な説明は「緑茶」の項を参照）。最後にもう一言。この地の紅茶も再度人気が高まってきています。その火つけ役となったのが金駿眉（福建省）です。今ではすっかり有名なこの紅茶の、とどまるところを知らない人気が、この地の紅茶人気を牽引しているといってもいいでしょう。またここは、白琳、政和、坦洋という、福建省の三大工夫紅茶の産地でもあります。この地で最も有名なお茶といえば、福建省の烏龍茶でしょう。ほかにも、鉄観音（安渓省）、大紅袍（武夷山）、水金亀（武夷山）、鉄羅漢（武夷山）、白鶏冠（武夷山）などがあります。また白茶の白毫銀針（福鼎県）も有名です。

南西部

お茶発祥の地と広く考えられているこの地に含まれるのは、四川省、雲南省、貴州省、そしてチベット自治区の一部です。ここは何といってもプーアール茶をはじめとする黒茶の生産で有名ですが、とても上質な紅茶もつくられています。南西部産のお茶は、味と香りに大きな特徴があるといっていいでしょう。土壌の有機含有量が、中国でもトップクラスだからです。江北や江南と違い、南西部産の緑茶で有名なものはありません。けれど、中国の大半の地域同様、国内消費向けに、おいしい緑茶を生産しています。有名なプーアール茶はもちろん、滇紅（雲南省）のような高級な紅茶もつくられています。

日本のすべてのお茶の45%以上、つまり大半のお茶を製造しているといっても過言ではないのが静岡県です。けれど2011年、福島第一原発事故による放射能汚染の影響で、お茶を製造していた主だった県は、政府から出荷制限が指示されたのですが、その最初の県として知られるようにもなってしまいました。もちろん、ほとんどのお茶から検出される放射性セシウムは、基準値を下回っていました。にもかかわらず、同年6月、フランス政府は、欧州基準を超える放射性セシウムが検出されたとして、パリに輸出された静岡の緑茶162kgを押収、破棄したのです。このマイナス報道は、静岡県の業者にひどい打撃を与え、お茶農家や生産者にも、大きな懸念をもたらしたのでした。

日本の産地
JAPAN'S GROWING REGIONS

日本が最初にチャノキを栽培したのは12世紀だ、というのが定説になっています。以来900年、日本はほぼ緑茶のみを製造してきました（ただし国内市場向けに、おいしい紅茶も何種類かつくってはいます）。日本の場合、製造されるお茶のおよそ90%が、国内消費向けと考えられています。また、47都道府県のほぼすべてでお茶が製造されていますが、概して有名なのはそのうちの12県といえるでしょう。

その12の県をあげておきます。愛知（西尾市は、抹茶の最大生産地の1つです）、福岡（日本の緑茶の最上級品の1つに玉露がありますが、その玉露の最も上質なものがここで生産されている、というのが衆目の一致するところです）、岐阜、鹿児島、熊本、京都（宇治市は、日本初のお茶の栽培地で、日本のお茶文化の精神的な中心地だと多くの人に見なされています）、三重、宮崎、長崎、佐賀、埼玉、そして静岡です。

お茶の製造で有名な県はいずれも、独自の気候、土壌、生育環境を有しており、それゆえ各県が、生涯をかけて探求していくにふさわしい、独自のお茶をつくりあげています。日本も中国と同じで、何百年という試行錯誤の時間を経てきていますから、おいしいお茶をつくるうえで欠かせない産地の重要性に気づき、すばらしい土地を見い出してきているのです。

南アジアの産地
SOUTH ASIA'S GROWING REGIONS

南アジアでは、1500年にわたって
お茶が栽培されてきましたが、
市場への流通を目的として
チャノキを植えはじめたのは、
わずか150年ほど前です。
消費者がより多様なお茶を
求めるようになってきたことから、
南アジア産のお茶は、
その品質のよさと独自性で
注目を集めています。

この20年、インドは自国産の銘茶の販売に非常に力を入れています。インド政府が法律を緩和したため、製造業者はようやく、国内オークションでの茶葉の売買という規制から解き放たれました。その結果業者は、インドのお茶業界とは切っても切れない関係にある大量の日用品としてのお茶の製造はもちろんのこと、それ以外にも、試行錯誤を重ねつつ、銘茶の製造をはじめているのです。インドにおける茶葉の主要な生育地域は3つ、西ベンガル州の北部に位置するダージリン地方、アッサム州、そしてインド南西部のニルギリ丘陵です。アッサムはインド北東部の州で、バングラデシュの真北に位置しています。この地で初めてイギリス人は、自生する変種のアッサム種（カメリア・シネンシス・アッサミカ）に関心を持ったのです。今日アッサム州で栽培されるお茶は、苦味と渋味の強いフルボディのお茶で、現在広く知られているこの変種からつくられています。

この100年で、インド、ネパール、インドネシア、ケニア、さらには北米といった多様な地にもチャノキは植えられ、緑茶がつくられるようになっていきました。中国や日本の伝統的な産地に比べると、こうした新しい産地のお茶は、種類、品質、繊細さといった点でかなうものではありません。中国と日本は、お茶の愛好家から見ても、基準をはるかにこえている存在なのです。そのために、本書では主として中国と日本のお茶に焦点を当てています。もちろん、ほかの産地の歴史なり独自性なりに、とりあげるべき正当な理由がある場合は、しっかりと見ていきます。だからといって、ほかの産地に注目すべき歴史やお茶がない、と断じているわけでは決してありません。むしろ、伝統的な中国や日本のお茶を介してこそ、お茶の魅力や楽しみ方を最もよく説明していけると、わたしが単に考えているに過ぎない、ということなのです。

ダージリンは大幅な自治が認められた地で、アッサム州の西、ネパールの東に位置し、インドの西ベンガル州の北にあります。この地域の茶園が存在するのは、マハーバーラタ山脈（またの名をレッサーヒマラヤ山脈ともいいます）の中です。アッサム州でつくられる紅茶と異なり、ダージリンの紅茶はカメリア・シネンシス・シネンシスからつくられます。この中国種の大半は、もとはといえば、イギリスが中国の福建省から移植したものです。

ニルギリは、南インド最大のチャノキの生育地です。この地域のお茶の大半は、タミルナーデュ州とケララ州を走る西ガーツ山脈で栽培されています。ニルギリ産のお茶はほとんどが非常に低級で、ブレンド用として使われています。とはいえ、この地域のお茶は往々にしてとても強い香りを有していることから、多くのブレンドティーには欠かすことのできない存在です。また近年では、ニルギリの業者も、緑茶や白茶とともに、より高級な紅茶をつくるべく、研究をはじめています。

スリランカ/セイロン

お茶の栽培がスリランカにもたらされたのは19世紀の半ばですが、それが産業として成長していったのは、1860年代と70年代に錆病でコーヒーの収穫量が大幅に落ちこんでからでした。錆病の影響は甚大で、スリランカのほぼすべてのコーヒーが、10年にわたって収穫できなくなってしまいました。そのため、コーヒー栽培業者の大半が仕方なく、コーヒー畑にチャノキを植えかえていったのです。中央スリランカの山々は、降雨量が多く、気温も低いことから、理想的なお茶の栽培環境といえるでしょう。スリランカの多くの製造業者が力を入れて製造しているのが、有名な紅茶セイロンです。

ネパール

東インド会社は1860年代、ネパールとダージリンで時を同じくして、チャノキの栽培をはじめました。ネパールとダージリンは気候も地理も似ており、主として同じ品種からお茶を栽培しています。そのため、ネパールの紅茶は味も香りもダージリンのものによく似ています。しかしながら20世紀のあいだずっと、ネパール政府が対外貿易および投資を禁じていたため、お茶産業は実質的に崩壊していました。けれど20年ほど前から、政府によるお茶産業再生への尽力もあり、今では世界中の市場で、異国情緒たっぷりの味わいが魅力の、ネパール茶を目にすることができます。

TEA'S CHEMISTRY 成分

化合物

お茶に含まれる主な化合物は、ポリフェノール、フラバノール、アルカロイド、アミノ酸、炭水化物、ミネラル、そしてビタミンです。これらはいずれも、お茶の味わい、香り、見た目、健康上の利点に欠かせないものですが、その果たす役割はそれぞれに異なります。各化合物の割合を決めるのは、茶葉の種類、品種、土壌、摘採の時期、さらには摘採時の気象条件です。

抗酸化物質

フラバノールは、カメリア・シネンシスの葉に本来あるもので、お茶の化合物の中でもことのほか市場性が高いといえます。茶葉はたくさんのフラバノールを有していますが、最も注目を浴びているものといえば、抗酸化物質のエピカテキンとカテキンでしょう。その中でも、お茶に1番多く含まれているカテキンが没食子酸エピガロカテキン (EGCG) です。これは、健康に非常に高い効果があると考えられている抗酸化物質でもあります。

現在広く認められていることですが、お茶はほかの青果物に比べて、およそ8-10%も抗酸化物質を多く含んでいます。また、抗酸化物質は概して、酸化的ストレス (体内で過度に生じる反応性酸素によって引き起こされる障害) から細胞を保護し

ます。ちなみにこの酸化的ストレスが、人体にさまざまな病気をもたらす大きな要因となっているのです。しかしながら、多様な抗酸化物質が異なる細胞を保護するのか、それともすべての抗酸化物質が同じような働きをして細胞を守るのか、はっきりしたことは依然としてわかっていません。抗酸化物質にかんする大きな疑問は、ほかにもまだたくさんあります。また、お茶に含まれる抗酸化物質は、必ずしもほかの青果物の抗酸化物質と同じではありません。最後に、さまざまな研究から明らかになっていることを書いておきましょう。すべての種類のお茶を合わせれば、その数は膨大なものになりますが、そのいずれにも抗酸化物質は含まれています。これは、発酵の過程でざっと25-40%ものEGCGが、テアフラビンやテアルビジン、テアブラウンという物質に変化してしまう、烏龍茶や紅茶も同じです。

カフェイン

お茶に含まれるもう1つの大事な物質、それもおそらく、経済面から最も重要な物質といえばアルカロイド (トリメチルキサンチン)、あるいはカフェインと称されるものでしょう。カフェインは、世界中で最も摂取される向精神薬で、その量たるや群を抜いています。推定ですが、世界中の全成人の90%以上が、毎日カフェインを摂取していると考えられているのです。お茶も、カフェイン摂取のために最も広く活用されているものの1つです。チャノキにとってカフェインは、2つの点で自然に役立っています。1つは、天然の殺虫剤として、葉を食べる害虫を駆除してくれます。もう1つは、チャノキに受粉する昆虫の記憶力を強めてくれるので、その昆虫が毎年戻ってきて、受粉をしてくれるようになるのです。人間にとってカフェインといえば、中枢神経系への効果が最もよく知られています。カフェインの中枢神経系への刺激によって、エネルギーを生み出すのです。

カフェインは比較的安定した物質なので、お茶のどんな工程においてもあまり増減は見られません。しかしながら、葉がいつまでも摘採されずにいると、葉の中のカフェインは減少していきます。つまり、未熟な若葉ほどカフェイン含有量が高く、摘採した葉が若ければ若いほど、カフェイン

も多く含まれているのです。紅茶は6種類のお茶の中で最もカフェイン含有量が高い、というのは、しばしば見られる誤解です。これは必ずしも真実ではありません。ただし、こうした誤解が生じるにいたった理由は、簡単に考えつきます。

20世紀のあいだ、主としてお茶が栽培されていたのはかつての植民地で、こうした栽培地が、世界の紅茶市場を支配していました。また、このようなところで製造されるお茶の大半は、アッサム種の葉を原料としていました。このアッサム種の葉は概して、中国種の葉よりも多量のカフェインを含んでいます。したがって、一般的にアッサム種からつくられる紅茶は、中国種産のものよりもカフェインが多いことになります。しかしだからといって、紅茶がほかの種類のお茶よりもカフェイン含有量が多い、とはなりません。ここからわかるのは単に、人々が、100年以上前から続く市況をベースにした先入観を持ってお茶を見ている、ということだけです。ある特定のお茶のカフェインについて考える

2008年、オックスフォードジャーナルの『分析中毒学』誌に論文が掲載されました。タイトルは「いれたてのお茶のカフェイン含有量」です。この中で著者たちは、お茶の種類によって「カフェイン濃度における際立った違いはない」といっています。お茶のカフェイン含有量を測定する際、お茶の種類よりもはるかに重要なのは、以下の7点の要素です:

1. チャノキの品種
2. クローン変異
3. 土壌および(あるいは)肥料の有機含有量
4. 葉齢
5. 茶葉を蒸らす湯温
6. 茶葉を蒸らす時間
7. 茶葉の品質

場合、大事なのは、摘採時の葉齢（ようれい）のみならず、その葉がどの変種のものかも知ることです。

テアニン

ほかにも重要な物質があります。お茶にもともと含まれていながら、往々にして見落とされてしまうのが、アミノ酸の1種、テアニンです。テアニンの含有量は非常に多く、脳に精神活性作用をもたらします。また昔から、お茶を飲んだときにほっとする気分や、しばしば見られる「お茶による気分の高揚（テ ア ニ ン）」を引き起こすものとも考えられています。テアニンが具体的にどんな効果をもたらすのかを明らかにするため、現在化学者たちが実験を重ねていますが、概して認められているのは、気分をプラスに変える効果があるらしい、ということです。最後に、テアニンには独特の旨味成分があります。多くのお茶に、土を思わせる濃厚な味わいをもたらすものとして知られています。

CHANGES TO CHEMICAL COMPOS- ITION
成分変化

茶葉にもともとある物質に加えて、
さまざまな製造工程のあいだに生成される
ほかの物質もいくつかあります。
こうした化学変化の中でも最も重要なのは、
発酵の工程で起こるものでしょう。
発酵の工程は非常に専門的なものではありますが、
そこで何が起こっているのかを押さえておけば、
発酵がお茶の味、香り、品質におよぼす
大きな影響を理解するうえで、
おおいに役に立ちます。

キノンはいったん生成されると、茶葉の中のプロテインと反応し、黒褐色の色素メラニンをつくります。酵素がポリフェノール化合物をキノンに変えれば変えるほど、メラニンも生成され、葉は黒みを増していきます。したがって、軽い発酵の烏龍茶の茶葉は、概して暗緑色をしているのに対し、よりしっかりと発酵させる烏龍茶や紅茶は、黒褐色や銅を思わせる色をしているのです。

発酵の工程でポリフェノール化合物が変化するのは、概してカフェ酸（これはフェノール酸で、カフェインとは違います）、エピカテキン、カテキン（天然フェノールで抗酸化物質）です。エピカテキンとカテキン（抗酸化物質）が発酵の際に生成されるのは、緑茶から紅茶に変化していくあいだに、ある種の抗酸化物質の量が減るためです。残念なことに、これが原因となって、多くの人が誤解しているのです、緑茶や白茶のほうが、紅茶や烏龍茶よりも「健康的」だと。確かに発酵の過程で、烏龍茶と紅茶に含まれる没食子酸エピガロカテキン（EGCG）の失われる割合は低いとはいえません。けれど発酵が終わっても、EGCGはまだかなりの量残っていますし、茶葉が本来有しているほかの抗酸化物質や必須ビタミン、ミネラルも大量に残っているのです。

味わいの変化

こうした生化学的な変化に加えて、発酵の際の高温が茶葉のアミノ酸を分解します。そのアミノ酸が茶葉の糖質と反応し、新たな香りの成分が生成されるのです。このように生み出される新たな香りの成分は、昔から紅茶の特徴である「麦芽のような」香りをもたらします。

発酵

茶葉には、ポリフェノールオキシダーゼ酵素、あるいはポリフェノールオキシダーゼやPPOとしてより広く認知されている酵素が含まれています。このPPO酵素は銅イオンを有しています。それが酸素と反応することで、ポリフェノール化合物として知られる茶葉の芳香成分を、キノンといわれる有機化合物に変えるのです。茶葉の細胞構造が破壊されないと、酵素の銅イオンは酸素と反応できません。この細胞構造が、何らかの物理的方法や加熱によって破壊されれば、酵素が表出し、酸素と反応しはじめることで、茶葉のポリフェノール化合物がキノンに変わっていくのです。

PART 2: TECHNIQUE
技法

WATER
水

水は文明をしかと理解する。

わが足をぬらすも、上品だ。

わが人生をひやりとさせるも、

しゃれている。

決して落ち着きを失わず、

悲嘆にくれることもない。

よき使い方をすれば、

喜びは満ちあふれ光輝き、

2倍となる。

悪しき使い方をすれば、

何もかもを破壊する。

これ以上ないときに、

これ以上ない形で

満面の笑みを浮かべながら

優雅にすべてを破壊する。

――R・W・エマーソン

水：お茶の詩人
WATER: TEA'S POET

お茶は、水と茶葉を合わせたものに過ぎません。しかしながら、お茶をそのように単純で原始的なものと考えていては、その謎も詩心も解き明かしていくことはできないでしょう。それこそがお茶の歴史と文化にとって要となるものなのに、です。お茶という言葉を口にすれば、心の扉が開き、やわらかな雨の日や、いつまでも続くとりとめもない心地いい会話、家族とのピクニック、ロマンチックなディナー、あるいは炉辺で本とともに過ごす夜、といった記憶が蘇ってくるのではないでしょうか。お茶の文化がしっかりと根づいている国の出身なら、あるいは、お茶という言葉が、言葉の文化を制限することのまずない米国の出身なら、お茶はこういった心の風景を呼び覚ましてくれることと思います。けれど、水と茶葉を合わせたに過ぎないも

のがどうして、こうした記憶を解き放ち、心を震えさせることができるのでしょう。しかるにお茶には、お湯で茶葉を蒸らすということ以上のものがあるに違いないのです。

お茶の潜在意識への働きかけを理解する一助のために、また、わたしたちのお茶への反応をより深く考えていくために、散文や詩、宗教における水の歴史的な重要性に注目してみることが役に立つかもしれません。茶葉やその製造工程が、お茶の魅力や楽しみ方を象徴的に物語っているのに対して、水は心理的な引き金となって、わたしたちのお茶に対する感情的な反応を多分に引き出しています。したがって、すばらしい芸術における象徴としての水の重要性を認識すれば、わたしたちとお茶との関係に水がどのような影響をおよぼしているのか、そしてこの関係が、お茶を楽しむうえでどのように作用しているのかをよりよく理解できるかもしれません。

隠喩
としての水
WATER AS METAPHOR

伝統や神話はさまざまありますが、
その中で水はつねに、
最も力強く重要な隠喩として
表現されています。
世界のありとあらゆる
宗教においては、水は力強い
重要な隠喩であるのみならず、
通常は生命そのものと同義である
といってもいいほどです。

そのため水は間違いなく、わたしたちの世界観において重要な隠喩的役割を果たしており、わたしたちの潜在意識に感情を引きこむことがあり得るのです。

水が、そしてそれゆえにお茶が、潜在意識の中で特別な位置を占めているという考えを証明しようと思ったら、世界の主だった宗教について考えてみるのが1番早く、簡単でしょう。全体をざっと眺めるだけでも、わたしたちのお茶に対する感情的な反応とともに、お茶における水の隠喩としての重要性を理解する糸口が得られます。あるいは、ギリシャ神話の中の隠喩になぞらえて表現してもいいかもしれません。世界の伝統的な宗教のおかげでわたしたちは、生前の記憶をすべてなくすといわれているレーテー川の水を飲むかわりに、記憶をつかさどる女神ムネーモシュネーの泉の水を口にすることができるかもしれないのです。

世界を
つくりあげた存在
としての水

WATER AS CREATOR OF THE WORLD

サンスクリット語の
「シンドゥ」からきている
「ヒンドゥー」という言葉は、
川を意味するだけではありません。
ヒンドゥー教の前身とされる
バラモン教の聖典『リグ=ヴェーダ』
(サナータナ・ダルマという、
太古から永遠の法として知られる
ものの中にある最古の聖典) では、
この世界をつくった天空の川の水
だと定めているのです。

『リグ=ヴェーダ』には書かれています、
この世がつくられる前、巨大なヘビの怪
物ヴリトラが、この世をつくるために必要
だったこの天空の川の流れをせき止めて
しまいました。すると地球は、やせた不毛
の地、うつろな地となってしまったのです。
そこで、天からの水を流すため、神々の王
インドラがみごとヴリトラを倒します。そ
れからインドラは、川の水が流れるように
し、豊かな地がつくれるようにしてくれた
のです。『リグ=ヴェーダ』の世界を介し
て水を見ると、象徴としての水は、わたし
たちをうるおしてくれる単なる液体以上
に重要なものかもしれないことがわかりま
す。つまり水は、まさにわたしたちをつく
り出してくれたものなのです！

命の贈り物
としての水

WATER AS GIFT OF LIFE

中国の神話を見てみましょう。世界には当初、何もありませんでした。あったのは水だけで、それを支配していたのが伝説の龍でした。その龍の末裔が自分たちなのだと、中国人は信じています。そしてこの世は、水が蒸気に変わって初めてつくられました。このように、水は命の源としてのみならず、創造主からの贈り物としても重んじられているのです。とぎれることなく続く命の贈り物として。

精神的な
支え
としての水

WATER AS SPIRITUAL GUIDE

仏教では、水を命の源と直接的に表現せず、瞑想探求の精神的な支えとして、隠喩の形で表しています。この世界観を最もよく説明しているのが、仏教用語である「中道」や悟りへの道です。仏教では、これらを表現するに際して、川を用いています。この隠喩が示しているのは、川の水が川床の上を淡々と流れていくように、「ある」ことに固執したり、「ない」ことに荒廃せず、ただひたすら人生という道の真ん中を、かたよらずにまっすぐ生きていかなければならない、ということです。仏教ではどうやら水を、単に気分をすっきりさせてくれる液体から、精神的な支えへと押しあげたようです。

次に聖書を見てみましょう。大洪水にかんする記述が数多く見られます。堕落と放蕩がはびこった時代に、神は40日40夜雨を降らせ続け、洪水によって地上の人間を滅ぼしました。そうやってすべてを水で洗い流すことで、より清浄な世界をつくったのです。ここで注目すべきなのは、神は地上にある火を使わず、天上の水を使ったことです。「清浄さとしての水」という隠喩はさらに発展し、キリスト教では水を、人が己の心を清らかにできる象徴と見なすようになっていきました。こうした変化を示すいい例が、洗礼という伝統でしょう。洗礼は、キリスト教徒となるための個人の精神的な通過儀礼であり、水を個人の体につけることによって行われます。このように水は、命に欠かせないものであるのみならず、正しい生き方にも欠かせないものだと理解することができるのです！

こうした伝統が、1つまたはそれ以上、わたしたちの潜在意識に刷りこまれていると考えるなら、お茶という、ただお湯で蒸らしてつくられる飲料が、大きな心理的誘因となり得るのも当然のような気がします。

正しい生き方としての水
WATER AS RIGHTEOUS LIFE

水：お茶の化学者
WATER: TEA'S CHEMIST

世界中の文化が、間違いなく水を重んじています。もちろんそれは、水が受けるに値する評価です。しかしながら、このような伝統と、1杯のお茶をいれることとのあいだには、何か関係があるのでしょうか。皮肉な人なら、こういった神話や隠喩にまつわる話を一言で片づけてしまうかもしれません。曰く、そんなものは、コーヒーや炭酸水――お茶よりも隠喩にしばられていない飲料――から、お茶へと人々の関心を向けさせるだけのものに過ぎない、と。こうした皮肉ゆえにわたしたちは、詩や隠喩を介してではなく、科学用語を用いてお茶について考えるのかもしれません。

しかし、そのような還元主義的な科学用語を用いるとき、わたしは強いためらいを感じます。というのも、確かに世界にはすばらしい飲料がほかにもたくさんありますが、お茶はそういったものと一線を画していることを知っているからです。なぜならお茶は、美しい詩や文学的な手法を介してイメージされる傾向にあるのですから。

確かに水を、温度や化学物質、pH値、空気にさらす適切な時間といった数値に簡単に分析できる、単なる成分として見ることも可能です。けれど悲しいかな、そうやってお茶の科学的な面にばかり過度に意識を向けることで、実は、1杯のお茶をともに味わう中にある詩的なものや美しいものを壊してしまい、その結果、お茶との関係が薄れていくかもしれないのです。お茶について話をするのに、茶葉の等級やチャノキの品種、産地、水源といっ

た科学的な面だけしか考えていなければ、いつかその傲慢さゆえにお茶を失ってしまうかもしれません。

水をどうやって適度に空気にさらすか、といったことについての議論など、ムンバイのチャイ売りにとってどんな意味があるというのでしょう。チャイ売りは、熱々のマサラチャイを、60-120㎝もの落差で容器から容器へと移しかえる術を、おのずと身につけています。チャイを注ぎはじめると同時に、片手で一気に容器を高々と引きあげ、ボディを一段と強くします。そうすることで、口当たりもさらによくなり、味も格段によくなるのです。そんなチャイ売りを相手に、口当たりについて説明しようとすれば、おそらく生気のない、つまらなそうな目が返ってくるだけでしょう。そういう注ぎ方について何度たずねたところで、お客が喜ぶからやっているだけだ、という答えしか得られはしません。けれどそうやってチャイ売りは、延々と同じ朝をくり返している人に、ほんのひととき魔法のような時間を与えてくれるのです。それは、お茶の味をよくすることよりも大事なことであり、チャイ売りは一瞬のパフォーマンスにすべてを賭けて、ただの朝のお茶を、カフェインと糖分摂取で興奮状態をもたらすだけの飲み物よりもはるかにすばらしいものに変えているのです。

このように、お茶を科学的に分析しようとする際にはまず、お茶およびその文化にまつわる神秘主義や魔法といったものを理解し、尊重し、受け入れることが賢明といえるでしょう。

水を分析する
ANALYZING WATER

お茶の味や香りは非常に繊細です。
したがって、お茶をいれる際には、
ことのほか質のいい水を使い、
水の味や香りをお茶に移さないように
することが重要になってきます。
お茶をいれるのに適した水を選ぶのは、
難しいことではありません。
澄んでいて、無臭、汚染もされていない、
すっきりとした水を選べばいいのです。

化学者が水質を調べるときには、概して13項目の検査をします。アルカリ度、色、pH値、味、におい、溶解している金属塩に金属に有機物、微生物の存在、ラドン、重金属、薬剤、ホルモン類似物質です。いわずもがなですが、お気に入りのお茶それぞれの完璧なpH値を追求したり、オンラインの討論に参加して、お茶用の水には最大でどれくらいまで溶解性金属塩の存在を認められるかについて何週間も議論したりしているうちに、精神的に追い詰められていってしまう可能性もあります。

お茶をカップにつぎわけていく際の詩的な美しさを守るために、お茶をいれるという行為は、科学よりも芸術に近づけるべきでしょう。また、ともにお茶をいただく人たちに心を配ることをまず念頭に置くべきです。「完璧な1杯」をいれるために細部にまでこだわるよりも、ともに楽しむという気持ちを大切にすることで、相手への配慮も芽生えてきます。だからといって、水が大事ではない、といっているわけではありません。もちろん大事に決まっています！ 実際ある意味で水は、おいしいお茶をいれるためには、茶葉に負けず劣らず大事なのです。そのことを踏まえたうえで、いくつか常識的なことを考えながら、お茶をいれる水源を選んでみてください。そうすれば、お茶を最大限楽しめるだけでなく、その味も最大限引きだすことが出きるでしょう。

透明度

お茶をいれる際に用いる水は、絶対に澄んでいなければなりません。お茶を評価し、楽しむための主たる方法の1つは、まさにその見た目です。最初からにごった水でいれれば、当然にごったお茶になり、にごったお茶では往々にしてお茶を楽しむことはできません。さらに、わたしたちは食べ物や飲み物を口に入れる前にまず、「頭で味わい」ます。かつてこんな実験がありました。フランスの心理学者たちが、ワインテイスターの一団の前にずらりと白ワインを並べ、それを評価するよういったのです。ただし心理学者たちは、ワインテイスターたちに気づかれないよう、無臭の食品着色剤を使って、白ワインの色を赤に変えておきました。テイスターたちは一様に、通常赤ワインを評価する際に用いる用語で評価をしていったのです。白ワイン用の用語を使ったテイスターは、1人もいませんでした。この結果からも改めてわかるように、人間の視覚は、食べ物や飲み物の味わい方を根本的に変えてしまうのです。したがって、お茶を心ゆくまで味わいたいなら、まずはきれいな水できれいなお茶をいれることです！

におい

「お茶を感じる」の項（p.92を参照）で、嗅覚による誘導錯覚について概説しますが、わたしたちは嗅覚で「味わう」という間違いを決まって犯し、その間違いにもとづいて、やれ「花のよう」だの「土のよう」だのとお茶の香りについて話をしています。このような話をする際に最も大事なのは、においが、お茶の味わいを大きく左右するものだ、という事実だけです。これを踏まえれば、お茶をいれるときに無臭の水を使う重要性は、いくら誇張しても、誇張し過ぎることはないでしょう。

空気にさらす
（すっきり感）

ほとんどの水には、溶存酸素の分子が含まれています。人々は往々にして、溶存酸素の含有量が高ければ「すっきりとした」飲み心地と評し、逆に低ければ、「ぼんやりした」味と評します。もちろん、すっきりとした味わいのお茶のほうが、ぼんやりした味のお茶より好ましいのは明らかでしょう。したがって、水は空気にさらすことが重要です。そのほうが当然、溶存酸素の含有量が高くなるのですから。

溶存酸素がお茶の味わいにもたらす影響の分析結果など、簡単に入手できます。しかしながら、わたしはそれよりもいくつかの経験から学んだことで充分に満足しています。それはいずれも常識的なこと

ミネラル含有量

溶存酸素にくわえ加えて、溶解固形物の濃度も水の味を左右します。水を評価する際に検討され得る水分中の可溶性固形物はたくさんありますが、最もよく知られている、水にとってかんばしくないものといえば、多量のカルシウムと硫酸マグネシウムでしょう。これらを含む水は、硬水ともいわれています。カルシウムや硫酸マグネシウムの含有量が高い水は、炭酸パウダーのような、とてもおいしいとはいえない味がする一方、ミネラルが欠乏している水は、味に深みがありません。溶存酸素の少ない水と同じで、そういった水も味がぼやけているのです。その最たる例が蒸留水です。蒸留水の含有しているミネラルは、全部とはいわないまでもそのほとんどが除去されてしまっているため、硬水と比べて、「単調」だったり「ぼんやりとした」味になっています。ほかのさまざまな点と同じで、お茶をいれる最良の水は、ミネラル含有量が多過ぎも少な過ぎもしない水、といえます。

さらに、硬水のシャワーがあまり好きではないなら、石けんがよく泡立たないことに気づいていると思います。実際、石けんが形成する沈殿物（石けんカス）を洗い流すのに苦労しているのではないでしょうか。これと同じ現象が、硬水でお茶をいれたときにも見られます。味が落ちるだけではなく、硬水のせいでカップの縁に沈殿物（通常お茶カスといわれています）が付着してしまい、いやな気分にさせられます。お客様にいい印象を持っていただこうとしているときにはなおさらです！

最後に、硬水の問題をわかりにくくしているのは、硬水という言葉がしばしば間違った使い方をされ、高濃度の溶解鉄を含んだ水を指しているからです。分類の仕方にかかわらず、鉄分の含有量が高い水は、金属のような味が強烈にして、通常、水の色も汚れています。いうまでもありませんが、金属の味がする色の汚れた水でお茶をいれるようなことは決してしないでください。

で、おそらくはあなたももう気づいていることなのです。たとえ自分が気づいていることに気づいていないとしても。

容器に入った水は、溶存酸素の含有量が非常に少なく、ぼんやりした味をしていることがままあります。したがって、そういう水は、お茶をいれる際には適しません。容器に入った水がぼんやりした味になるのには、いくつもの理由が考えられます。蒸留されているのかもしれませんし（蒸留すると、溶存酸素はミネラルとともにほとんどが失われてしまいます）、長期間動かされることなく置かれたままだったり、源泉の時点で溶存酸素がほとんどなかったという場合もあるでしょう。それでも、無臭で汚染されていない澄んだ水など、容器に入ったものしか手に入らない、というときには、極力すっきりとした味わいの水——容器に入った水を探せば大丈夫です。肩の力を抜いて、心ゆくまでお茶を楽しんでください。

水を加熱、冷却、再加熱すると、水分中の溶存酸素の量が減ってしまいます。世界中でごく普通に行われているのがストーブの上に水を入れた容器、つまりケトルを置いておくことです！ この流れていない水は、お茶をいれるときに再加熱されます。便利ではありますが、加熱、冷却、再加熱の工程が、水分中の酸素をはなはだしく減少させる原因となるのです。したがって、加熱は1度だけ。これが経験から学んだいい方法です。すでに加熱した水（あるいは、長時間流れることなく置かれていた水）の再加熱や再沸騰は決してしないでください。

空気にさらされている水を手に入れる最良の場所の1つは、自然にわき出ている泉です。といっても、そんな泉が近くにある人などほとんどいないでしょう。けれど大丈夫です。キッチンの蛇口からも、空気にさらされている水がたっぷり出てくるのですから。

カルシウムと硫酸マグネシウムは非炭酸塩化合物なので、沸騰してもなくなりません。こうした化合物を大量に含む水は「永久硬水」といわれます。「永久硬水」は、一時硬水とは違います。一時硬水というのは、カルシウムかマグネシウムの炭酸塩化合物を大量に含有している水を指しますが、このカルシウムやマグネシウムは煮沸することでなくなります。したがって、お茶をいれる際にはあまり気にしなくて大丈夫です。こうした炭酸塩化合物は、いざとなれば水を沸騰させるだけでいいのですから。

PREPARING TO MAKE THE PERFECT CUP OF TEA

完璧な 1杯をいれるために

チャノキやその品種、お茶の種類、
そして水について知るのは
面白いことですが、
これではまだ、お茶の本当の魅力に
少しも近づいてはいません。
真のすばらしさは、
おいしいお茶を実際に飲んでみること。
そこでこれからは、
お茶を最大限楽しむために
役立つことを述べていきます。

お茶を選ぶ
CHOOSING A TEA

カメリア・シネンシスの葉に
水を加えることで、
不老不死の薬と呼ぶに
ふさわしいものがつくれます。
では、どの茶葉を使って
お茶をいれましょう。
戸棚の中の、
どこにでも売っている、
可もなく不可もない普段使いの
茶葉を使うことにすれば、
いくらでもありふれた行為に
なってしまいかねません。
けれどもし、世界でも有名な栽培、
製造業者の1つが手づくりした
茶葉を使うことにすれば、
いつまでも記憶に残る
お茶になるかもしれないのです。
では、いったいどうやって
選べばいいのでしょうか。

お茶選びは、決してストレスを感じるようなことではありません。不幸にして、ほとんどのお茶業者によるマーケティング戦略のせいで、市場には選択肢があふれ返っています。そして心理的なジレンマの実例をつくり出しているのです。それが有名な「選択のパラドックス」です。これは、人があまりに過度な選択肢を与えられたときに起こる2つの現象を指しています。では、まず最初の現象です。人は、自分の行った選択にあまり満足せず、後悔したり、自分が買ったものを堪能したくないと思います（しばしば買い手の後悔と称されます）。次いで、その人は選択をしなくなります。これは基本的にマヒしてくるからです（これがよく「選択のパラドックス」といわれるものです）。

「選択のパラドックス」が本当だとすれば、お茶のことを何も知らない人は、どうやってお茶を選べばいいのでしょう。まず決めなければいけないのは、緑茶、白茶、黄茶、烏龍茶、紅茶、黒茶のいずれがほしいのかです。それから、どんなタイプのお茶がいいのかも選ばなければなりません。ほしいのは、中国の緑茶ですか。それとも日本の緑茶でしょうか。米国の緑茶はどうでしょう。中国茶を試してみたいと思ったら、大変です。中国語で書かれたお茶の名前が読めなければならないのはもちろん、何百種類もある緑茶の中から、たった1つを選ばなければならないのですから。頑張ってください！

さらに状況を難しくしていることもあります。スーパーはいうにおよばず、ほぼすべてのお茶の専門店もそうですが、そこで売られているお茶の大半は、お茶ですらないのです。それらはチザン茶やハーブティー、アロマティー、あるいは香りづけした低級のお茶なのです。

これを踏まえたうえで、すぐに使える、簡単なルールがいくつかありますから、どの

「選択のパラドックス」を最もよく裏づけている例があります。今やすっかり有名になったものの、問題にもなってきている実験で、2人の心理学者マーク・レッパーとシーナ・アイエンガーによって行われたものです。心理学者バリー・シュワルツは、2004年の著作『新装版　なぜ選ぶたびに後悔するのか　オプション過剰時代の賢い選択術』（瑞穂のりこ訳、武田ランダムハウスジャパン、2012年）で書いています。「[高級食料品店]で研究者グループが、テーブルにめずらしい高級ジャムの瓶を並べて買い物客に試食してもらい、1ドル割引で購入できるクーポン券を配った。ひとつのテーブルでは試食用に6種類を、もうひとつでは24種類を並べた。どちらも購入できるのは24種類だ。24種類を並べたテーブルは、6種類のテーブルより人だかりができたが、ひとりが試食するジャムの数はだいたいおなじだった。ところが実際に買う段になると、はっきりちがいがあらわれた。サンプルが6種類のテーブルでは、試食したひとの30パーセントが実際に購入した。24種類のテーブルで実際に買ったのは、わずか3パーセントだった」

お茶を選ぶかを決める際に活用してみてください。

お茶は農産物

お茶は農産物であることをつねに忘れないでください。あらゆる農産物と同じで、さまざまなお茶を飲むのに最も適した季節があります。緑茶、白茶、黄茶はいずれも、おいしくいただける時期が非常にかぎられています。理想的な環境のもとにあっても、摘採からはじまる製造工程の3～4カ月のあいだに消費したほうがいいといえるでしょう。最上級のお茶は初春に摘まれて製造されるので、春から夏にかけていただくのが理想的です。いいかえます。もしおいしい緑茶を味わいたいなら、2月に探すのはやめましょう！

お茶の季節性

お茶の製造は毎年、成長の状態によって変わってきます（摘採は、チャノキが充分に成長してのち、天気がよくなければ行えません）。また、産地によっても摘採の時期は異なります。

3月

通常お茶づくりがはじまるのが3月です。インドとネパールでは、3月初旬に紅茶用の葉を摘みはじめ（春摘み茶）、中国では、数種類の高級茶用の摘採をはじめます。

4月

4月はお茶づくりが最も忙しいときです。中国では、太陰暦と春に降る雨を基準に、この月を多重周期にわけます。中国の高級茶の多くは、立春前か、清明節前か、あるいは穀雨前かという茶葉を摘んだ時期に応じて等級がわけられるのです。4月末から5月初めになると、台湾や日本、韓国のほとんどの産地で、例年どおりの収穫がはじまります。

5月

春の終わり、通常は5月になると、東アジアのお茶づくりの中心は、緑茶と白茶から紅茶へと移っていきます。この時期にはまた、香りづけをしたお茶をつくるために、低級茶を使った仕こみもはじまります。

初夏、秋、冬

初夏になると、高級紅茶と香りづけをしたお茶づくりから、烏龍茶と低級紅茶の製造へと移行していきます。中国南東部と台湾では、さまざまな烏龍茶づくりがはじまります。最後に、冬の半ばです。この時期になると、スリランカの産地ではセイロン紅茶づくりがはじまり、中国南西部では、多様な緑茶と紅茶用の摘採がはじまります。

スリランカでのセイロン紅茶づくりは、同じくお茶をつくっているほかの国々のものとは異なります。というのも、セイロン紅茶づくりはモンスーンの雨に左右されるからです。しかも、このお茶づくりのサイクルをより複雑にしているのは、スリランカ全域で、モンスーンの雨の降る時期がずれているからです。したがって、一般的ないい方をすれば、セイロン紅茶づくりはモンスーンの雨期が終わったあとからはじまります。1月から2月、7月から8月と2回のシーズンがあります。このモンスーンによる風と雨は山岳地によって雨の降る側と乾期になる側にわかれます。乾期になる側では、クオリティーシーズンティーと呼んで、香りや味の強い良質な紅茶がつくられます。

お茶のぬくもりと涼やかさ

中国人はいいます、お茶には「温める」と「冷ます」という2つの働きがあると。つまり、内臓を温めたり冷やしたりするものとしてお茶を見ているのです。この考え方でいくと、緑茶や黄茶、白茶といった、冷ます働きを有するお茶は、暑い時期に飲むのに最適で、逆に紅茶や烏龍茶、黒茶といった、温める働きを有するお茶は寒い時期に飲むのがいいということになります。この考え方は、西洋人の食べ物に対する見方と何ら変わりはありません。たとえば、キュウリやスイカは涼しさを感じる食べ物ですから、暑い夏の日にいただくのが1番に決まっていますし、ビーフシチューは冬にいただくほうがよりおいしく感じられ、実際体を温めてもくれます。それと同様に信じられているのです、夏に緑茶をいただけば涼しさを感じ、冬に烏龍茶をいただけば、体が芯から温まると。おいしい中国茶か日本茶を飲んでみたいと思ったら、その季節に合ったお茶を選んで、じっくりと味わってみてください。

本物のお茶

最終的にお茶をきちんと理解したいなら、本物のお茶を飲まなければいけません。多くの初心者が、お茶だといって紹介されるのは、悲しいかな、「お茶」というラベルをつけられた、ハーブブレンドティーやアロマティー、チザン茶、あるいはわけのわからない混合飲料です。けれど、仏教の伝播を助け、大英帝国拡張を余儀なくさせ、多くのアジア文化の基盤となったものについて、もっと深く理解したいと思うなら、「本物のお茶」を飲むことです。お茶の専門店に行ったり、食料品店で買い物をする際、原材料名に「茶」としか記されていないお茶があることに気づくでしょう。それが「本物のお茶」です。もし原材料名にそれ以外のものが記されていたら、ほかの商品を探して購入してください。

リラックス!

お茶について学ぶ楽しみ、それはいわば旅行の目的地ではなく、旅行そのものともいえます。好みではなかったり、そのよさが理解できないお茶は必ずあるもので

す。けれど、そういうお茶があったからといって、それは何も、お茶が苦手だということにはなりません。単に、そのお茶が苦手だというだけのことです。さらに、お茶を飲む多くの人が気づいていることですが、お茶を飲むようになればなるほど、1度は苦手だと思ったお茶を再度試してみるようになり、その際にはおいしく味わえるようになっているのです。お茶を飲めば飲むほど、そして年齢を重ねていけばいくほど、味覚も確実に変わっていくのですから。また、「有名」だと評判のお茶が好みではないこともあると思いますが、心配は無用です。すべてのお茶がすべての人の口に合うわけではないのです。どうか、自分がおいしいと思うお茶を見つけてください。そしてリラックスして、そのお茶をじっくりと味わってください!

ともに楽しむ

最後に、大切な人といっしょに、お茶を楽しんでください。友だちや家族や同僚、もちろん知人でもかまいません。お茶は、だれかとともに楽しむとき、決まって最高の味わいとなるのです。

正しい
茶器を選ぶ
CHOOSING THE RIGHT VESSEL

お茶をいれるときには、
正しい茶器を選びます。
その際考慮しなければいけない
ポイントは4つ：
素材、大きさ、形、
そして品質です。

素材

ポットの素材はさまざまですが、特によく知られているのは、陶器（施釉と無施釉）、金属、鋳鉄ホーロー、ガラスでしょう。いずれの素材も、お茶をいれる際には一長一短があります。つまり、いれたいお茶の種類が、使うポットの種類を大きく左右するのです。

施釉陶器のポット

陶器ですから当然、通常は非常に薄く、繊細です。ポットの薄い壁面と、お茶の味を邪魔しないところが陶器ならではの魅力ですから、繊細な香りと味わいの上品なお茶をいれるのに最適でしょう。

金属のポット

金属製のポットは、その形やスタイルがあまりにも多岐にわたっているため、すべてを1つにまとめるのは難しい問題です。とはいえ、金属のポットは主として北アフリカと中東全域で使われています。それでいれるのは、ハーブやスパイスの香りをたっぷりとしみこませた、とても濃いお茶です。金属製のポットも魅力的ですし、モロッコ風ミントティーのような香りの強いお茶にはぴったりですが、日本や中国の銘茶のような繊細なお茶をいれるには適さないでしょう。

鋳鉄ホーローのポット

鋳鉄ホーローのポットはもともと、中国で、お湯を沸かすために使われるものでした。それが今日、再び人気を得て、お茶をいれる茶器として活用されるようになってきているのです。昨今の鋳鉄ホーローのポットは、お茶に金属の味が移らないようにつくられていますから、概してどんな種類のお茶にも適しています。ただしマイナス面は、小ぶりのものがなかなかないため、複雑な味や香りを楽しむお茶をいれるのには適さない、ということです。

ガラスのポット

最後にガラスですが、これは繊細なお茶、中でも特に緑茶や白茶、黄茶をいれるのに非常に適した素材といえます。きれいに澄んだお茶の色がよく見えるのはもちろん、茶葉が踊りながら開いていく様子を楽しむこともできます。ガラスのマイナス面は冷めやすいこと。したがって、烏龍茶や紅茶、黒茶には適しません。

サイズ

西洋世界で、お茶を楽しみ、お茶の文化を牽引している国といえば、イギリスとオランダです。そして、お茶をいれる際に用いられるポットは、通常とても大きなものです。こうした大きなポットは、たくさんのお茶をいれることができる点で便利だといえるでしょう。しかしながら、概して小さいポットのほうが、お茶をよりおいしく味わうことができます。小さいポットなら、温度やいれるタイミングも調整しやすいですし、同じ茶葉で、もう1度お茶をいれることもできます。そしてこれは、何度もお茶をいれるあいだに、茶葉の状態がどう変わっていくのかを見ることができる、唯一の機会でもあるのです。

形と品質

ポットの形は大事です。お茶を心地よく入れられるかを左右するものだからです。したがって、自分の手にあまるほど、大きかったり重かったりするポットを使うのはやめましょう。また、スムーズにお茶をつげないポットもやめてください。

最後にポットの品質ですが、これは、あなたの入れるお茶の品質に直接影響をおよぼすものです。ポットの品質が高ければ高いほど、概して持ちもよくなります。また、いれるたびにお茶の味が違う、むらがある、といったこともなくなるでしょう。

特別な タイプの ポット

← 急須の写真

← 蓋碗（がいわん）

お茶をいれるための最高の茶器はおそらく、構造もデザインもシンプルを極めたものでしょう。そしてその1つが蓋碗です。遅くとも明朝（1368-1644年）から使われていた蓋碗は、中国のお茶文化とは切っても切れない存在で、受け皿、茶碗、蓋のみという構成です。蓋を活用することで、お茶を注ぐこともできれば、茶葉が口に入ってこないよう押さえながら、蓋碗から直接お茶を飲むこともできます。茶碗にいれたお茶と蓋はほぼ密着していますから、蓋の裏側でもお茶の香りを楽しむことができます。

通常施釉陶器（せゆう）の蓋碗は、味もにおいもしません。したがって、お茶に味やにおいが移ることもなく、さまざまなお茶の味を比べて楽しむのに適しているといえます。また、施釉陶器の蓋碗は、保温性が高いのも特徴です。こうした特性から、蓋碗はあらゆる種類のお茶と非常に相性がいいといえます。ただし、紅茶や黒茶の愛飲者の中には、蓋碗の保温性では充分ではないため、紅茶や黒茶を入れる最適な茶器とはいいがたい、という人もいます。

↑ 急須

急須は日本製のポットで、側面からまっすぐにのびた取っ手が特徴です。西洋式のポットの場合、注ぎ口と取っ手が一直線上に並んでいますが、急須の取っ手は、注ぎ口に対して90°の位置についています。取っ手と注ぎ口がこの角度で配されていると、急須にいれたお茶を茶碗に注ぐのが簡単で、その動作も一段と品よく見えます。また急須には通常漉し器がセットされていて、お茶を注ぐ際に、茶葉まで茶碗に入っていかないようになっています。今日つくられている逸品の多くは、非常に粒子の細かい粘土が原料です。この粒子の細かさが緑茶の味わいを増し、緑茶はもとより、白茶や黄茶をいれる茶器としてもすばらしいものだと考えられています。また急須は、煎茶道というお茶のいれ方の際に用いられる茶器でもあります（p.103を参照）。

↑

<ruby>宜<rt>ぎ</rt></ruby><ruby>興<rt>こう</rt></ruby>茶器

宜興茶器は陶土製のポットです。中国の江蘇省にある宜興県に源を発します。紅茶、烏龍茶、黒茶をいれるのに最適です。宜興県各地で採集できる非常に有名な土でつくられていて、伝統的に素焼きです。したがって多孔性ですが、それがお茶の味や香りにプラスに働いています。お茶の成分であるタンニンが、ゆっくりと時間をかけて、ポット内部をコーティングしていくからです。何度もお茶をいれることで、残ったタンニンがお茶に独特の味と香りを付加していくため、この茶器はお茶の味と香りを高める、と考えられています。ただし、タンニンのコーティングとお茶はたがいに整理し合いますから、1つの茶器で入れるお茶は、必ず同じ種類のお茶にしてください。つまり、いったんこの茶器を使って紅茶を入れたら、それ以降はずっと、その茶器でいれるのは紅茶だけにすべきだ、ということです。

宜興茶器は現在大量生産されていて、宜興でつくられた本物を見つけるのは至難の業です。昔は、「精巧な手づくり」の宜興茶器を見わける特徴が3つありました。1つは、注ぎ口の先端と取っ手の上部が、茶器の縁と同じ高さに揃っていること。2つ目は、蓋がぴったりと隙間なくおさまること。そして最後に、取っ手と注ぎ口が一直線上に並んでいること。宜興の有名な窯元の大半はすでに釜を閉めてしまっていますが、この3つの特徴が、現在市場に出回っている宜興茶器の中から選ぶべきものを教えてくれるはずでした。ところが、今日宜興茶器といわれるものはその大半が大量生産されていて、それゆえにこの3つの特徴はほとんど意味をなしていないのです。すべての茶器の取っ手と注ぎ口は、一様に一直線上に並んでいるのですから。実際、市場はほぼ大量生産の宜興茶器で占められているため、今1番簡単なのはむしろ、ちょっとしたズレや歪みのある茶器を探すことです。それこそが、その茶器が手づくりであるという、まぎれもない証拠といえるでしょう。

蓋碗（がいわん）や急須、ポットがなかったころ、お茶は、茶碗といわれる小ぶりの鉢のようなものから直接飲んでいました。ポットと異なり、茶碗はお茶を飲むものであると同時に、お茶をいれるものでもありました。現在茶碗は、主に日本で、抹茶を立てるときに使われています。

↓
現代の茶器

前述したように、ガラスは往々にして茶葉を鑑賞するために用いられます。特に白毫銀針（はくごうぎんしん）のようなとても美しいお茶にはおすすめです。ただしガラスは、その保温性の低さゆえに、お湯を注いでから長い時間茶葉をそのままにしておかなければならないお茶には向かない素材です。そうはいうものの中国では、厚めのガラスでできた円筒形のポットで、毎日緑茶を飲むのが習慣になっています。ポットに茶葉をひとつかみ入れ、そこにお湯を満たすというシンプルな方法です。このお茶を朝からずっと飲み、残りが⅓を切ると、そこにまた熱湯をたしていきます。そうやって、1日中お茶をいれているのです。つまり中国人は、多くの西洋人が、再利用可能な容器で1日中水を飲んでいるのと同じ感覚で、お茶を飲んでいるというわけです。

道具
UTENSILS

さまざまなスタイルの茶器を
ながめたり、試したり、集めたり、
というのも、お茶を飲むときの
大きな楽しみの1つです。
実際、どこのお茶専門店に
行っても、壁一面に並べられた
茶器の数々に、
購買意欲はくすぐられます。
そんなマーケティング戦略の
広大な空間に、しばし身を
ゆだねてみてください。
多種多様な茶道具がお茶の
世界へと簡単に誘ってくれます。
また、今まで以上にお茶の世界を
楽しむこともでき、
何百年にもわたるお茶の歴史に
触れることもできるでしょう。
ここでとりあげるのは、ごく
一般的な道具です。これらを
利用しながら、お茶をいれる
過程も楽しんでみてください。

茶盤(ちゃばん)

揃えることを検討すべき最も便利な茶道具の1つといえば、茶盤です。これは、お茶をのせて運ぶ、いわゆるトレイとは違い、中国茶をいれる際に用いられる大事な道具です。通常は木製または陶製です。中が空洞になった箱のようなもので、この空洞に余分なお茶やお湯がたまるようになっています。この茶盤があれば、お茶があふれるのを心配をせずにお茶を注げますし、茶器にも心置きなくお湯をかけることができるのです。茶盤では堅苦し過ぎる、という場合には、浅めの鉢ときれいなふきんを使っても、おしゃれにお茶をいれることができます（工夫茶をいれる場合には、トングのような茶挟(ちゃきょう)も必要です。茶杯(ちゃはい)を温めておいたお湯を捨てる際に用います）。

茶荷(ちゃか)

まだ乾燥した状態の茶葉を鑑賞するための道具です。茶荷を使えば、お茶をいれる場所から離れたところで、茶葉を量って用意することもできます。茶缶に残っている茶葉を湿気などに触れさせることもありません。あらかじめ茶葉を量って茶荷に入れておけば、これからいただくお茶を鑑賞し、評することも簡単にできます。

ティーストレーナー

いれたてのブレンドティーを飲むのが大好きなら、茶漉しの購入をおすすめします。一般的なティーカップの口径に合うサイズを使えば、ポットからカップに直接、お茶を注ぐことができます。カクテルストレーナーでも大丈夫です。

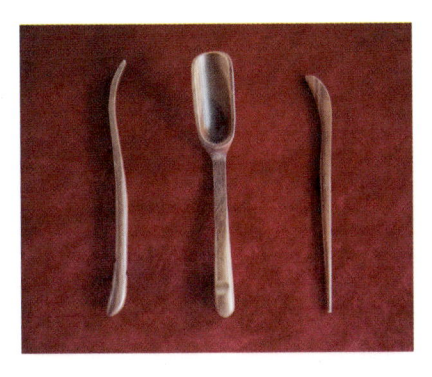

茶則

茶葉を茶缶から茶荷や茶器に移す方法はたくさんあります。1番簡単なのは、そのためにつくられた匙器である茶則を使うことでしょう。シンプルなデザインながら、茶則を使えば、茶葉をこぼすことなく茶缶からとり出し、好みの茶器に入れることができます。茶則以外の方法であれば、茶葉を確実に移すことはできるものの、通常潜在的な危険をともないます。たとえば、キッチンによくあるスプーンだと、大き過ぎるので、ちょっとすくったり、こぼさずに茶器に入れるのが難しい場合が多々あるでしょう。茶葉を茶缶から直接茶器に入れる場合は、茶缶に残っている茶葉を湿気に触れさせてしまう可能性があります。また、手でじかにつまむと、茶缶の茶葉に指の脂や湿気といった不要なものが付着してしまいかねません。

茶海

お茶の味わいが変わらないようにしながら、茶器にいれたお茶を別の容器に移すのはとても大事なことです。英国人がときに、ケトルで紅茶をつくり、それをティーポットに注ぐのと同じです。中国人が、小さなティーポットとしてよく使うものを茶海といいます。茶器に注いだお茶をあらためて茶海に注ぐことで、お茶を漉し、余計な茶葉や沈殿物をとりのぞけるのです。こうしたいれ方は、ペコーダストの多い、等級の高いお茶をいれる際には特に大事になってきます。

茶玩具

中国には、少なくとも1200年代から続く伝統があり、茶盤に陶器の像(通常は動物)を置いています。これが茶玩具、あるいはティーペットといわれるものです。偶像崇拝の一端であると同時に、芸術であり、遊び心でもあります。人の内なる魂の表れであると信じられている茶玩具を選ぶ際には、神話に登場する動物のさまざまな力をよりどころとする場合がほとんどです。お茶を飲む人に、そういった動物の力が宿りますように、との願いをこめて選ぶのです。茶玩具を用意し、大切にすること(お茶をかけて、茶玩具にもお茶を飲んでもらいます)は、すばらしい伝統といえるでしょう。また、このような多少の規則性が、お茶を楽しむうえでの重要な部分にもなってきます。茶玩具の見た目は往々にして俗受けするものですが、宜興県のように非常に有名な陶器生産地でつくられるものであれば、収集するだけの価値は間違いなくあります。

お茶の保存
STORING TEA

きわめて短いのがお茶の賞味期限です。

緑茶、白茶、黄茶を最高の状態でいただけるのは、せいぜい3-4カ月でしょう。

烏龍茶と紅茶の賞味期限はもう少し長くなります。

きちんとした環境で保存されている紅茶であれば、

3年以上たってもその品質を維持することは可能です。

黒茶は、概して必要なだけ保存ができます。

ただしその場合、高温多湿は避けてください。

お茶の味や香りを最大限維持するには、保存の際に避けるべき5つのポイントがあります。日光、熱、湿気、におい、空気です。このうちのいずれか1つにでもさらしてしまうと、お茶の品質はたちどころに落ち、味わいも香りも消えていってしまいます。

お茶はスポンジのようなものなので、そばにあるもののにおいや味をどんどん吸着していきます。したがって、お茶を保存するのに絶対避けたほうがいい場所は冷蔵庫、スパイス棚、においの強い食品が置いてある食料品貯蔵室、ペンキやラッカーの強いにおいが残る容器です。逆に、こうしたものからお茶を守る最良の方法は、気密性の高い不透明の容器に入れて、その容器をにおいのしない、乾燥した冷暗所に置いておくことです。

多様なお茶を1カ所に保存しておく場合には、必ず1種類ずつ、気密性の高い容器に保存するようにしてください。さもないと、お茶がそれぞれの香りを吸着していき、最終的にはすべてのお茶が、深みのない、同じような味になってしまいます。湿度の高い地域に住んでいるなら、シリカゲルのような乾燥剤を購入し、各お茶に直接入れて保存してみてください。そうすれば、湿気の強い環境下でも、茶葉を湿らせずに保存できる一助となるでしょう。

市場には、お茶を入れておける容器が多数出回っています。お茶の保存専用につくられたものもあれば、万能の収納器も。ただし前述したように、お茶の収納に最適な素材は、気密性が高く、光や熱、湿気などをとおさない、そして、においを発しないものです。

ガラス

ガラスは通常、収納容器には不向きだとして避けられます。しかしながら、安価で気密性が高いことから、適切に用いれば、お茶をうまく保存しておくことも可能です。その場合、お茶を入れたガラスは、戸棚や机、トランクといった、日光の届かない場所に置いておかなければなりません。容器を収納しておける暗い場所があるなら、ガラス容器は非常に安価ですし、お茶の保存にはとても向いているといえるでしょう。

プラスチック

プラスチックは安価でどこにでもある素材です。ただしガラスと違い、往々にしてガスが発生することがあり、お茶の品質を落としてしまいかねません。お茶の保存が簡単にできるのは確かですが、残念ながらおすすめはしません。

セラミック

かつての茶缶は、木製またはセラミック製でした。セラミック茶缶の収集は、茶葉を披露するのにはこのうえなくすばらしい方法ですが、気密性の高いセラミック茶缶を見つけるのは難しいでしょう。

真空パック缶

最近増えてきたのが真空パック缶です。缶から空気を抜き、その後しっかりと密閉します。こうした真空パック缶がお茶の保存に最適なのはいうまでもないことですが、非常に高価なのもまた確かです。

少量のお茶を活用する

最後に、お茶の品質を維持する最良の方法は、短期間で使い切れるだけの量を購入することです。20世紀になり、業者がもっぱら、日用品としてのお茶の販売に移行していくにつれて、消費者もまた、お茶を購入する際に考えるのは値段だけになっていきました。そこで業者は、大量のお茶を低価格で提供しはじめたのです。今日では、市場で1番内容量が少ない銘茶でさえ、通常は100gも入っています。これだけでおよそ50-70杯分です! したがって、たくさん飲めはしますが、保存もきちんと考えなければなりません。複数のお茶を楽しんでいる場合は特に大変です。そこで、お茶の品質を落としたくないなら、少量の購入を考えてみてください。そうすれば、長期保存について頭を悩まさずにすみます。

黒茶は寝かせることで旨味を増していくこともありますが、それはあくまでも、日光や熱、過度の湿気、においを避けて、適切に保存した場合にかぎります。ただしほかの種類のお茶と違い、黒茶はむしろ、空気にさらすべきお茶です。そのため大半の黒茶は、つねに外気にさらしておけるよう、あえて通気性の高い、薄い紙で包んでおきます。したがって、可能であれば、あなたの黒茶もこうした薄い紙で包んで保存しておくといいでしょう。

茶葉の評価

EVALUATING TEA LEAVES

お茶の品質を評価するなら、
実際にいれてみたお茶の味や
香りを確かめるのが最も確実な方法です。
しかしながら、もう1つ重要になってくるのが、
お湯を注ぐ前の、乾燥した状態の
茶葉を評価することです。

自分のお茶を知る

茶葉を評価する基本は、それぞれの茶葉本来の形をきちんと理解しているかどうかです。たとえば、江蘇省の碧螺春を評価するなら、その茶葉が通常は、まるでタニシのようにくるりと螺旋状に丸まっている、ということをまず知っていなければなりません。そのうえで初めて、巻きがゆるかったり、きれいな螺旋状になっていなかったりする茶葉は、品質が劣る、ということがわかるのです。こうした知識を身につけるには、同じ種類のお茶のさまざまな銘柄を試して、経験を積んでいくしかありません。

茶葉以外のものを調べる

お湯を注ぐ前の茶葉を評価する方法はほかにもあります。茶葉に茎や小枝などが混ざっていないかを調べるのです。お茶の加工業者は、販売用のお茶のかさ増しをすることで、儲けを増やすことがあります。たくさんお茶を売って、売りあげを伸ばす。これが1番まともな商売のやり方です。けれど業者は、茶葉に茎や小枝を混ぜこむことでかさ増しをし、それによって売りあげを伸ばすこともできるのです。しかもこのやり方なら、まず、ばれることはありません。というのも、わざわざ茶葉をじっくり調べてみる人など、ほとんどいないからです。茎や小枝が混ざっているからといって、必ずしもお茶の味が変わるわけではありません。香りとともに、多少薄まる程度です。しかしながら、茶葉の量は大幅に増えます。したがって、茎や小枝が混ざっていたら、そのお茶が高品質ではないことを示す証拠となるかもしれないことを忘れないでください。

茶葉の状態を評価する

同じく、お茶を評価する際によく確認するのが、茶葉の状態——無傷（つまり、欠けたり割れたりしていないこと）で均一かどうかです。最高級のお茶であれば、その葉はつねに傷も汚れもなく、形や大きさもきれいに揃っています。破れたり割れたりもしていません。通常は、穴があいていたり変色したりといった、虫食いの跡もありません。自分の茶葉を調べるときには、きれいに揃っているか、そして割れたりしていないかをきちんと見てください。ただ、多くのお茶は、輸送の際にどうしても割れてしまいます。世界中にお茶が送られている現状では、残念ながら仕方のないことではあります。とはいえ、あまりにもたくさん破損していて、形や大きさも不揃いなら、それは、その茶葉があまりよくない品質である証拠です。

製造日と産地を確認する

自分のお茶がいつつくられたのかを知ることもまた大事です。それによって、そのお茶をいつまでおいしくいただけるかがわかるからです。同じように、産地を知ることも重要でしょう。たとえば、龍井茶（りゅうい）は人気が出てきて、その価格も急騰してきているため、多くの地でさまざまな品種の龍井茶の木が植えられるようになってきました。そしてその葉を加工し、龍井茶に似たお茶が製造されているのです。こうしたお茶の多くはもちろん、非常に高品質で、味もいいのですが、いずれも、有名な杭州（こうしゅう）の西湖（せいこ）近郊——龍井茶本来の産地でつくられたものではありません。ワインの世界と同じで、原料となるチャノキの品種や製造工程だけではなく、産地も、お茶の価値を高めるのに一役買っています。要するに、味や香り、見た目ではなく、単にその希少性に価値を有するお茶もあるということなのです。自分ならではのお茶を探しているうちに、いつのまにか、人気のある産地のお茶を試すのが面白くなってくるかもしれません。そうやって、たくさん飲んでいるうちに、なぜそのお茶が「有名」なのかもわかってくるでしょう。

摘採（てきさい）はとても大変な仕事です。なんといっても、カップ1杯のお茶をいれるだけでも、大量の茶葉が必要だからです。茶葉の大きさに多分に左右されますが、名人になると、1日でおよそ3万枚もの茶葉を1人で摘むことができます。茶葉およそ3200枚で、原料にして約450gのお茶がつくれますから、名人は毎日、約4.5kgの原料を摘むことができるわけです。けれど、これだけの原料も、加工の工程でどんどん減っていき、最終的にできあがるお茶はおよそ900gです。

お茶を感じる

SENSING TEA

味蕾は、さまざまな分子やイオンの相互作用を介して、5つの味覚を識別することができます。つまり、塩味、苦味、甘味、酸味、旨味です。そして、どのような形であれ、この5つの味覚すべてを引き起こすことができるのがお茶なのです。

つい最近まで、お茶の鑑定人は、5つの味覚のバランスを基準に、お茶の味を評価していました。要するに、どれか1つの味覚が突出しているお茶ではなく、5つが複雑にからみ合っているお茶に重きを置いていたのです。対して、かつての中国での評価は、塩味と甘味が大きなポイントになっていました。この2つの味覚がどんなバランスで配されているかをシンプルに評したのです。両者のバランスがよければよいほど、味わいもよくなります。この方法も、お茶の味わい方を単純化した、という意味では、ある程度の効果がありました。

あとでわかったことですが、お茶を甘味と塩味のバランスで評するというこのシンプルな方法は、味蕾細胞の生理機能と一致していました。甘味、旨味、苦味は、味蕾細胞の細胞膜受容体に分子が結合することで感じます。一方、塩味と酸味は、アルカリ金属か水素イオンが味蕾を刺激することで認識するのです。つまり、何かを味わうためにはまず、口の中に2つの生理現象が生じなければなりません。そして、この2つの生理現象をそれぞれに引き起こすのが、塩味と甘味なのです。

お茶は特別な飲み物として、北米で人気を得ていきます。それにつれてお茶の業者は、これまでのような評価方法——お茶の味わいをより直接的に表現する言葉にかわって、ほかの飲食産業で用いられている、市場で通用する評価の方法をとり入れていくようになりました。今では、さまざまなお茶の香りを前面に押し出して販売している業者もあります。ソムリエがワインについて語るのと同じように、お茶の業者も、ほかの食品に言及しながらお茶を評しています。たとえば烏龍茶なら、その販売の基準は、葉の摘採日や

揉捻した職人、産地、あるいは、塩味や甘味がどの程度か、といったことよりもむしろ、「シナモンや野草、ハチミツ」のような味わいだ、ということに置かれているのです。

一方で、こうした時代の流れのせいで、お茶を飲むことにあったロマンは、その多くが失われつつあるようです。シンプルにお茶そのものを楽しむかわりに、楽しむことを批判するかのように、成分がどうのといった細かいところまで掘りさげて、分析するようになってきているのです。こうなるともう、ただ心から楽しむためにお茶を飲むことができなくなってきます。お茶を楽しむことが、お茶を批判し、分析することになってきているのです。

現代のマーケティング戦略は、わたしたちにさまざまな心理的影響をおよぼしていますが、ほかの食べ物とともに供されるお茶を楽しむことができるのは、むしろ生理的な理由が大きいといえるでしょう。わたしたちが食べ物を味わう際、5つの味覚が果たす役割はごくかぎられています。それ以外に、香りや舌触り、温度なども介して、味わっているのです。

その中でも特に味わいに影響してくるのが、味の印象を大きく左右する香り、つまり嗅覚です。お茶の香りを認識する方法は2つ。1つは鼻（前鼻腔嗅覚）からで、もう1つは口の奥（後鼻腔嗅覚）からです。いずれも、お茶の香りを認識するものですが、味の印象を決める大きな力も有しています。1度味と香りを同時に経験すると、わたしたちの脳はその2つを密接に結びつけ、表裏一体の関係をつくりあげていきます。前鼻腔嗅覚と後鼻腔嗅覚の味の印象への影響は絶大なので、あたかも口の中で香りがしているか

のように、脳は簡単に信じてしまい、その
結果、香りを単なる香りではなく、むしろ
味そのものだと思いこんでしまうのです。
このように脳を惑わせることを、嗅覚による
誘導錯覚と称します。そしてこの錯覚
ゆえにわたしたちはしばしば、お茶の5つ
の味覚よりもむしろ、その「味わい」につ
いて語るのです。

証明してみましょう。鼻をつまんで、アメ
をなめてみてください。その状態でも、甘
味と舌触りはわかるはずです。けれど、香
りは感じられませんから、何の味のアメか
はわかりません。ところが、鼻をつまんで
いた指を離すと、アメのにおい分子が鼻腔
とのどの両方から一気に流れこんできて、
いきなりアメを「味わう」ことができるよう

になるのです。実際、この感覚はとても
強烈で、再度鼻をつまんでも、今度はその
ままちゃんと味わえることに気づくと思い
ます。なぜなら、脳がアメの甘味とにおい
を結びつけて、1つの味わいを創造した
からです。したがって、お茶の香りを堪能
することが、お茶を楽しむうえでの基本中
の基本といえるでしょう。お茶の香りを
満喫し、そのぬくもりを感じ、お茶の香りと
味わいを頭の中でしっかりと結びつけて
初めて、そのお茶を本当に理解し、楽しむ
ことができるのです。もっともこうした楽
しみ方は、ファストフード店で注文するお
茶や高速道路を運転中に飲むお茶には適
しませんが、そういうお茶の楽しみ方は、
別の書籍で論じてもらいましょう。

CREATING THE PERFECT CUP OF TEA

完璧な1杯をいれる

お茶にかんする本を読んでも、
湯温について書かれた
中国の説明が雲をつかむような
表現なのは今や有名な話ですから、
理解するのは至難の業です。
曰く、
「一気に沸騰させてはいけません。
泡を、小豆から魚の目へと次第に
大きくしていき、最後に煮立てて、
無数の真珠大の泡がぐるぐると
激しく回るようにします」

お湯の温度
WATER TEMPERATURE

温度！ それこそが、お茶の製造工程はもとより、その味わいや香りにも大きな影響をおよぼすものです。しかしながら、お茶を楽しむために温度がいかに重要でも、お茶を蒸らしておく適温については、まさに十人十色といったところでしょう。しかも、この問題をさらに難しくしているのが、心理的な現象である確証バイアスです。これは、合理的で客観的な分析を積みあげた結果をもとに物事を考えるのではなく、自分が持っていた先入観に都合のいい情報だけを見て、ほかの意見や情報は一切排除してしまう、というものです。つまり、お茶を蒸らす適温は何℃、と考えていったん決めたら、あとは死ぬまでずっと、自分のその考えは正しいと信じて、断じてゆずらないのです！

イギリス人と、かつてイギリス領植民地だった国の多くの人々は断言します、おいしいお茶をいれるなら、熱湯を使うのはいわずもがな、ぐらぐらに煮立った熱湯を使わなければいけないと。一方中国人は、お茶をいれる際の適温について、具体的な数字をあげることはめったにありません。お茶の数だけ適温があり、それぞれの適温は、さまざまなお茶をたくさん試し、経験を積んで初めてわかるものだと考えているからです。そうはいっても、イギリス人が熱湯に対して抱いている熱い思いに負けない激しい思いをこめて、中国人も断言します、たとえどんな状況でも、絶対に冷たいお茶は飲んではいけない

と。実際中国では、小さいころから、「お茶を冷まして飲むのは非の打ち所がないけれど、冷たいお茶を飲むのは愚かなこと」と教えられているのです。対してアメリカ人には、お茶をいれる際の適温について、これだけは絶対にゆずれない、という信念のようなものはありません。ただし、冷たくて甘いお茶をこよなく愛しているのは確かです。

一般論

このように、湯温にかんする見解は多種多様です。が、あくまでもわたし個人の意見としては、中国の考え方に1票を投じたいと思います。湯温の違いによって、お茶の味わいや香りが大きく変わってくることを、わたし自身が経験しているからです。お茶をたくさん飲むにつれて、そのお茶をいれる適温がしだいにわかってきますから、それに応じて、湯温を高くしたり低くしたりと微調整していくのです。またこの問題については、科学も中国人の見解を支持しています。

お茶に苦味と渋味をもたらすのは、基本的に茶葉の化学物質です。緑茶、白茶、黄茶には、独特な苦味と渋味があります。これは茶葉に多量に含まれるタンニン、つまり苦味と渋味を有する化学物質によるものです（黄茶は、緑茶と白茶に比べれば甘味が強いですが、これは黄茶独自の非酵素的酸化反応の工程で、茶葉に含まれ

るタンニンが減少するからです）。「化合物」の項（p.56を参照）で述べたように、タンニン（カテキン）は、発酵の過程でテアフラビンに変化します。このテアフラビンは、独特の苦味を有しています。タンニンとテアフラビンの苦味の違いを知ろうと思ったら、まずは紅茶を味わい、それを緑茶と比べてみるしかないかもしれません。

タンニンとテアフラビンでは、熱による反応に違いが見られます。あくまでも一般論ですが、カテキンの多いお茶（発酵の度合いが低いお茶）は、低温のお湯で入れたほうがおいしくなり、テアフラビンの含有量が高いお茶（充分に発酵させたお茶）は、高温のお湯でいれるのが最適だといわれています。後者のお茶は、高温のお湯を注ぐことで、一段とその香りが際立つのです。

ガイドライン

こういったことを踏まえたうえで、初めてのお茶を飲むとき、わたしは以下のガイドラインを参考にお茶をいれていきます。ただし、こうした「ルール」は、絶対に守らなければいけないものではなく、あくまでも基準と考えてください。

緑茶、白茶、黄茶：適温は71-79℃

烏龍茶：82-88℃

紅茶：91-96℃

黒茶：93-99℃

お湯の量

QUANTITY

ロバート・フォーチュンは
有名なイギリスの植物学者で、
東インド会社に勤めていた際には、
中国から密かにチャノキの苗を
持ち出し、世界のお茶市場を
大きく変える一翼を担いました。

フォーチュンがスパイ活動を行っていた当時、イギリスには長年にわたるルールがありました。それが、ティースプーン1杯（2g）の茶葉に対して、お湯は175㎖、というものです（これでティーカップ1杯分のお茶になります）。この基準は実際に深く根づいていたので、イギリスではいまだに計量スプーンの小さじを「ティースプーン」と称しているほどです。面白いことに、1800年代も後半になると、西洋で売られるお茶の大半は、非常に粗悪になり、茶葉の中に多くの茎や小枝が混ざっていたと伝えられています。したがって、カップ1杯のお茶にはティースプーン、つまり小さじ1杯の茶葉がふさわしいという、長らく信じられてきた基準は、再考したほうがいいといえるでしょう。

今日では、ありとあらゆる形や大きさの茶葉を手にすることができます。白毫銀針のような、小さくて繊細な葉から、台湾烏龍茶のように非常に大きな茶葉まで、さまざまです。そのため、同じ小さじ1杯でも、白毫銀針と台湾烏龍茶では、茶葉の量は間違いなく、大きく異なります。そこで茶葉は、量ではなく重さを基準に量ることをおすすめします。

最近明らかになってきたことですが、この数百年のあいだに、茶葉を蒸らす方法が確立されてきました。それが、2つのまったく異なる方法、西洋式と東洋式です。それぞれ、基準となる茶葉の量と、蒸らす時間が違います。西洋式は、少ない茶葉を長時間蒸らすのに対して、東洋式は多くの茶葉を短時間だけ蒸らします。以下にその基準をあげておきましょう。

西洋式のいれ方

お湯175-235㎖に対して茶葉1-3g
最初の1杯は、茶葉を2分半-3分
蒸らします。その後は、お茶をいれる
たびに30秒ずつ加算していきます。

東洋式のいれ方

お湯120-175㎖に対して茶葉3-6g
最初の1杯は、茶葉を12-20秒
蒸らします。その後は、お茶をいれる
たびに5-10秒ずつ加算していきます。

お茶を いれる 手順

PROCESS FOR MAKING TEA

夕食のときにいただく
お茶をいれるのも、
中国最高級の烏龍茶、
大紅袍をいれるのも、
その手順は基本的には同じです。
ここでは、お茶をいれる手順や
そのための準備、
そして、一段とおいしく、
味わい深いお茶を
いれるために考えたほうが
いいであろうことについて、
じっくりと見ていきましょう。

3.

2.

1.

簡単ないれ方

以下に5つの手順で手ばやく簡単にいれられる方法をご紹介します。このとおりにいれれば、最高においしいお茶がいただけるでしょう。

1.
茶器を温める

茶葉を蒸らす前に、すべての茶器と茶杯を温めます。これは、茶器をきれいにするのはもちろんのこと、お湯を茶器に入れたり、茶杯にお茶を注ぐ際に、お湯やお茶の温度が大幅にさがらないようにするためでもあります。

2.
茶葉を入れる

茶葉を茶器に入れていきますが、手で入れるのか、茶則や、何か特殊な道具を使うのかをよく考えてください。必要な茶道具を揃えておき、いつでも使えるようにしておきましょう。

5.

4.

3.
湯どおし

茶葉にお湯を注ぎかけたら、すぐにそのお湯を捨てます。茶葉を湯どおしすることで、茶葉をきれいにするとともに、茶葉を少しずつ開かせていきます。こうすることで、お茶の旨味を最大限引き出すことができるのです。茶葉に注ぎかけたお湯を捨てる際には、茶杯に入れるといいでしょう（その後、このお湯は捨ててください）。その結果、茶杯を温めることができるだけでなく、茶杯にお茶の味と香りをほのかに移すこともできるのです。

4.
茶葉を蒸らす

茶葉の湯どおしが終わったら、茶葉に熱湯を注いで、蒸らしていきます。その際、蓋のついた茶器を使用する場合は、蓋をした茶器の上からもたっぷりと熱湯を注いでください。茶器を外側からも温めることで、茶葉を蒸らしているあいだに湯温がさがるのを防ぐことができます。

5.
別の茶器に移しかえる

適切な時間、適温で茶葉を蒸らしたら、各茶器のお茶を別の1つの茶器に移し入れていきます。こうして、個々の茶器でいれたお茶を1つの茶器にまとめることで、それぞれが混じり合います。それを茶杯に注いでいけば、同じ濃さ、同じ味わいのお茶を供することができるのです。

特別な
お茶のいれ方

イギリス式／
オランダ式のお茶

西洋には、ほとんどの家庭に、イギリスやオランダのティーポットがあります。いずれも、注ぎ口と取っ手のついた、昔ながらのスタイルです。このタイプのティーポットを最大限活用するために、覚えておいたほうがいい簡単な手順がいくつかあります。

初めに、ティーポットいっぱいまで熱湯を注いで、ポットを温めておきます。

そのお湯を捨てて、茶葉を入れます。
あらかじめ熱しておいたお湯を茶葉に注ぎかけます。ポットに茶漉しがついている場合、茶葉が広がっても大丈夫なだけの大きさがあるか、確かめておきましょう。
茶葉を蒸らします。大きめのティーポットなら、蒸らし時間は3-5分でいいでしょう。
時間がきたら、別の茶器にお茶を注ぐか、お茶から茶葉をとりのぞきます。
ティーカップにお茶を注いで、味わってください。

まず、すべての茶器を熱湯で温めておきます。熱湯は、茶器を温めるのみならず、ある程度の殺菌、清浄効果もあります。ここで使用した熱湯は、その後すべて捨ててください。ちなみに、このとき茶杯を挟むのに、中国南部と台湾では、茶挟を使うのが一般的です。

茶葉をとり出し、お茶を振る舞う方々に見せて、茶葉の見た目や形、色などを鑑賞してもらいます。

茶器に適量の茶葉を入れます。これまでに記してきた、一般的な茶葉とお湯の量の割合とは異なり、工夫茶では、お湯に対する茶葉の割合がかなり高くなります（容量150mℓほどの小さな宜興茶器に対して、茶葉は10-15g必要です。ただし、中ぐらいの大きさの蓋碗であれば、概して5gの茶葉で充分です）。

茶葉にお湯を注ぎかけます。通常は、高い位置から、あふれるほどたっぷりのお湯を注いでいきます。こうすることで、茶葉を勢いよく回転させるのです。

その後すぐに、このお茶は茶杯に注いでください。これは飲むためにいれるお茶ではなく、茶杯の保温、清浄のためです。また、これからいただくお茶の味わいや香りを、茶杯にほのかに移すためでもあります。

再度、茶器にお湯を満たします。今度は低い位置から注ぎ入れます。またお湯の量は、茶器の縁までにしてください。それから茶器に蓋をし、最初にいれたお茶を蓋の上から茶器全体に注ぎかけ、外側からも茶器を温めておきます。この際の蒸らし時間は、10-20秒です。

そのお茶を茶海に移します。この茶海から、個々の茶杯へとお茶を注いでいくのです。

この手順を4-8回くり返します。お好みで、もっとくり返してもかまいません。

お茶をいれ終わったら、茶器から丁寧に茶葉をとり出し、みなさんに見ていただきます。

工夫茶
（くふう）

熱狂的なお茶愛好家と過ごしたら、必ずきかされるのが工夫茶のいれ方です。この方法は、もっと礼儀作法にのっとったやり方でお茶をいれたいとの思いから、中国と台湾で行われるようになったいれ方をベースにしています。日本の茶道ほど形式を重んじてはいないものの、工夫茶も比較的形式ばった手順が必要になってきます。工夫茶をいれる際に通常用いるのは宜興茶器（ぎこう）（p.84を参照）ですが、蓋碗（がいわん）（p.83を参照）を使うこともあります。

煎茶道

日本のお茶文化は、非常に様式化された、宗教的な儀式といってもいいほどのものと密接につながっています。それが茶の湯です。茶の湯はとても奥が深いため、それだけで本が1冊書けてしまいます。したがって本書では、茶の湯ほど形式張らずにお茶をいれる方法──煎茶道について、その概略を述べるにとどめておきます。煎茶道の起源は、伝統的な中国のお茶のいれ方にあり、それゆえ、中国の工夫茶のいれ方によく似ているといえるでしょう。両者の最大の違いは、使用する茶器と茶葉にあります。煎茶道では概して、有名な日本の緑茶である玉露と、同じく有名な日本の茶器である急須しか使わないのです。

最初に、急須と茶碗に熱湯を注いで温めておきます。

緑茶、白茶、黄茶、いずれかの茶葉を小さじに山盛り1-2杯（2-4g）とり、それを急須に入れます。

急須にお湯を注ぎます（お茶を1番おいしくいただくための湯温は、お茶の種類によって異なりますが、だいたい66-77℃です）。

30秒蒸らします。

急須から直接茶碗にお茶を注いでいきます。その際、それぞれの茶碗に注ぐお茶の量が同じになるようにしてください。まずは各茶碗の半分程度まで順次注いでから、急須に入っていたお茶をきれいに注ぎ切るまで、再度順番に茶碗を満たしていきます。こうすれば、どの茶碗にも同じだけの量のお茶を上手に注げるでしょう。なお、急須にはくれぐれもお茶を残さないようにしてください。さもないと、茶葉がずっと蒸らされたままになってしまいます。

お茶の香りを楽しみます。

お茶を味わいます。

くり返します。

RETURNING CRAFT TO TEA CULTURE

伝統的なお茶文化への回帰

20世紀は、お茶の商品化の世紀でした。かつてのお茶業界では、単一農園で採れた茶葉だけを手揉みし、それを茶葉のままで売るという形が主流でした。それが100年もたたないうちに、プラスチックの缶に入った既成のお茶や、ドライハーブだのスパイスだのを混ぜて紙のティーバッグに入れた粉茶を売るようになってしまったのです。全米紅茶連盟によれば、アメリカで消費されるすべてのお茶のうち、65%がティーバッグのお茶で、25%が缶やペットボトル入りの飲料と冷たいお茶。インスタントの粉末茶と茶葉のまま売られているお茶は5%ずつに過ぎませんでした。この結果は、1800年代後半から1900年代の最初の四半世紀までアメリカ人が飲んでいたものとはまったく異なります。

ペットボトルに入った冷たいお茶だの、インスタントの粉末茶、漂白した紙のティーバッグ、ハーブティー、さらにはそれに付随した業界のマーケティング体制の中に埋没してしまってはいるものの、伝統や技術はしっかりと残っています。そしてそこから見えてくるのが、世界のすばらしいお茶文化です。わたしは、20数年にわたって世界中を旅して回る中で、こうした、大切に受け継がれてきている伝統や技術をたくさん目にし、収集してきました。そこでこの章では、そんな伝統や技術をご紹介していこうと思います。

イギリス式の「1杯のお茶」とオランダ式のお茶

カッパ

ENGLISH "CUPPA"
AND
DUTCH TEA

400年以上も前に、
西洋世界にお茶をもたらしたのは
イギリスとオランダです。
そしてこの400年のあいだ、
西洋におけるお茶のいれ方や
消費の仕方を先導してきたのも、
ほぼこの2国だけだったといっても
過言ではないでしょう。

4人分

材料

水　946㎖	
できればセイロンか アッサムかニルギリの 茶葉　小さじ2-3（4-6g）	
クリーム（お好みで）	
砂糖（お好みで）	

イギリスとオランダのお茶のいれ方が「最高」かどうかは、通常議論されません。西洋各国のほとんどの人が信じているからです、自分たちのお茶のいれ方こそが、唯一の正しいいれ方であり、正しい味わい方なのだと。イギリスとオランダによってもたらされたお茶のいれ方では、お茶の有する複雑な魅力の大半を活かすことはしません。けれどそのかわりに、豊潤なフルボディの紅茶がいただけます。また、このいれ方だと、苦味の立った、力強いお茶になります。したがって、砂糖とミルクはほぼ欠かせません。ということで、意外にも、麦芽の香りたっぷりの濃い紅茶は、少量のミルクと砂糖を添えて初めて完成するのです。

お湯を沸騰させたら、半量をポットに注ぎます。ポットが充分に温まったら、お湯を捨て、茶葉をポットに入れます。できればインディアンアッサムかイングリッシュ・ブレックファスト、アールグレイのようなアッサム産の茶葉を使ってください。そこに、残りのお湯を注ぎ入れます。5分蒸らしたら、ティーカップに注いでください。ティーカップ1客につきクリーム60㎖と砂糖小さじ1-2杯（4-9g）を添えて、おいしく召しあがれ。

ケイト・フォックスの著書"Watching
the English:The Hidden Rules
of English Behaviour" には書いて
あります。「お茶に砂糖を入れれば、
多くの人から、まず間違いなく、上流
階級の人間とは見なされません。そ
れがたとえ1杯でも、階級に疑いを
持たれます……2杯も入れるなら、
せいぜい中産階級としか見なされま
せん。2杯以上入れる人は、労働者
階級に違いないでしょう」ほかにも、
騒々しくお茶をかき混ぜたり、お茶を
注ぐよりも先にティーカップにミルク
を入れる、といった行為が、イギリス
社会ではタブーとされています。い
ずれの行為も、社会的地位の低さを
示すものと考えられているからのよ
うです。

ロシアン ティー

RUSSIAN TEA

4人分

材料

茶葉を蒸らすための
お湯　946㎖

お茶といっしょに供する
ためのお湯　946㎖

できればアッサムCTCか
中国の濃い紅茶の茶葉
24-32g

角砂糖
（お茶に添えて供する）

お茶を海路で輸入した
イギリスやオランダとは異なり、
ロシアはその大半を、
中央アジアを旅する
キャラバンを介して、
陸路で輸入していました。

空気が乾燥し、往々にして冷えこむ中央アジアの気候のおかげで、ロシアへのお茶の輸入は、海路でのそれに比べてはるかに穏当でした。それゆえ、サンクトペテルブルクやモスクワに届いたお茶は、概してイギリスやオランダの商人が扱うものよりも品質がよく、ロシアには欧州で最高品質のお茶がある、と評判になったのです（今日でも、こうした評判は多分に残っています）。1800年代から1900年代、ロシアの政治勢力が増していくと、東ヨーロッパの人々や、中東に暮らす多くの人のお茶の飲み方にも、強い影響をおよぼすようになっていきました。

ロシアのお茶は非常に濃くいれるのが特徴で、お湯と砂糖で何度も薄めながらいただきます。濃いお茶だからこそ、飲む人それぞれが好みの濃さに調節できるのです。

1.9ℓのお湯を沸騰させてください。茶葉を小さめのポットに入れます。そこに沸騰させたお湯の半量を注ぎ入れます。蓋をしたら、そのまま20分、弱火にかけておきましょう。お茶を充分に煮出したら、ティーポットに注いでください。それをティーカップの¼から半分くらいのところまで注ぎます。その後、それぞれのティーカップにたっぷり熱湯を注ぎ入れます。角砂糖を添えて供しましょう。あとは飲む人それぞれの好みで、お茶かお湯をたしながら味わってください。

ロシア式のお茶は、伝統的なロシアの湯沸かし器サモワールを使えば、このうえなく簡単にいれられます。サモワールは、熱湯を入れた胴部の上に、濃いお茶を入れたティーポットを固定しておけるようにデザインされています。いわばダブルボイラーのようなものです。胴部内の熱湯は、その蒸気を利用して、上部のティーポットに入った濃いお茶を保温するだけではなく、熱湯そのものも活用し、このお湯で、濃いお茶を薄めていただくのです。もちろんお湯は、胴の下部についた蛇口から簡単にティーカップに注ぐことができます。

4人分

材料

茶葉を蒸らすための
お湯　946㎖

お茶といっしょに供する
ためのお湯　946㎖

できれば
アッサムCTCか
セイロン紅茶の茶葉
32g

角砂糖
（お茶に添えて供する）

トルコ
チャイ

TURKISH TEA

非常に形式を重んじるのが
トルコ式のお茶です。
このすばらしい伝統を
わたしが初めて目にしたのは、
ウイグル人といわれる、
トルコ系民族の人たちとともに、
中国西部にある、中国新疆
ウイグル自治区の首都ウルムチに
住んでいたときのことでした。

ウルムチは、トルコと中国のあいだに位置する交易の中心地だったので、おのずとトルコ人の商人が大勢集まってきました。当然、トルコチャイも飲まれるわけです。中国の地で、トルコの伝統的なお茶をいただいたことで、世界にはさまざまなお茶の文化があることを身をもって知ったのでした。

トルコのお茶のいれ方は、ロシアの伝統的なそれに非常によく似ています。ただし、大きな違いが1つあります。トルコでは、濃いお茶の中で茶葉をずっと蒸らしておきます。茶葉は、濃いお茶をティーカップに注ぐまで入れたままです。一方ロシアの場合は、濃いお茶をティーポットに注ぎ、そのポットをサモワールの上で保温します。茶葉をずっと蒸らしておくことで、トルコのお茶は苦味と渋味の非常に強いお茶になり、ロシアの伝統的なお茶に比べるとはるかに刺激が強くなります。

中ぐらいの大きさのポットに水1.9ℓを入れて、沸騰させます。目の細かい漉し器に茶葉を入れ、冷水でさっと洗ってから、水気を切っておいてください。その茶葉を小さなポットに入れ、そこに半量の熱湯を注ぎ入れます。そのまま10-20分、もしくはお茶が濃くなって、充分に苦味が出てくるまで蒸らしておきます。しっかり蒸らせたら、ティーカップの半分まで濃いお茶を注いでください。その後、残っていた熱湯を、濃いお茶をを入れたティーカップにたっぷり注いでいきます。個々のティーカップに、角砂糖を添えてください。お茶を飲んでいるあいだ、濃いお茶の入った小さなポットは、沸騰させたお湯が残っている中ぐらいの大きさのポットの上にのせて、即席のダブルボイラーにし、濃いお茶を保温しておきます。おかわりをするときは、同じ手順をくり返し、濃いお茶がなくなるか、充分に飲んで満足するまで続けます。

モロッコと北アフリカでは、お茶のいれ方が地域によって微妙に異なります。中には、ミントといっしょに、ヨモギの葉かレモンバーベナを加える地域もあります。あなたも試してみてください。お茶にミントを入れるとき、大さじ¼-½（1.5-3g）のレモンバーベナをいっしょに加えるだけです。ミントのかわりにレモンバーベナだけを入れてもいいでしょう。

材料

お湯	946㎖
珠茶	小さじ2（4g）
砂糖	小さじ4（18g）
ミント	1束

モロッコティー（北アフリカの緑茶）

MOROCCAN TEA (NORTH AFRICAN GREEN TEA)

18世紀、北アフリカの国々では貿易が盛んに行われていました。その際、イギリスの貿易業者によってお茶がもたらされます。そしてその後、モンゴルの人々はお茶を飲みはじめるようになったのです。

今日、北アフリカでは、すべての人とまではいわなくても、ほとんどの人が、モロッコ式のお茶——たっぷりのミントと砂糖とともにいれる、とても濃い緑茶を飲んでいます。このモロッコの伝統的なお茶は広く愛されていて、中国西部の少数民族の人々も、中国古来の、何も加えないシンプルなお茶を飲むかわりに、ミントと砂糖を入れたこのお茶を飲んでいるほどです。

お湯を沸かします。珠茶（ガンパウダー）といわれる球状の茶葉を小さなポットに入れたら、そこにお湯を加え、最低でも15分蒸らしてください。決してポットを揺らしたり、かき混ぜたりしないこと！ お茶をきれいなポットに注ぎ、砂糖を加えます。ポットに蓋をし、火にかけます。そのまま3-5分煮詰めてください。ポットを火からおろしたら、ミントを加えます（ティーカップ1杯につき、だいたい24-48gです）。そのまま2分蒸らしてから、ミントをとりのぞきます（多くのモロッコ人は、蒸らしたあと、2分以内にミントをとりのぞきます。ミントを摂取し過ぎると、胃酸が逆流すると信じているからです）。

珠茶の別名であるガンパウダーという言葉は、イギリス人が考えました。球状の茶葉が黒色火薬を思わせたからです。珠茶は伝統的に、緑茶を蒸してつくられます。小さな球状に丸められるので、輸送時の損傷も少なくてすみます。珠茶は概して、蒸すという製法とその形状のおかげで、味わいや香りが失われることはほとんどないため、「草のような」味わいと香りがとても強いお茶として知られています。

ペルシャの ローズ ティー

PERSIAN ROSE TEA

世界中の人々の
お茶の飲み方の習慣について
詳細に調べていけば、
過去200年間の
貿易パターンが
見えてくるでしょう。

あらゆるお茶のいれ方から見えてくるのは、土地ごとの人々のお茶の好みだけではありません。世界のさまざまな国や地域のあいだでどんなものが交易されているのかもわかります。それを如実に表しているのが、ペルシャ、つまり現在のイランで昔から飲まれているカルダモンローズティーです。ロシアとインドに挟まれた地理的な状況から、このお茶のいれ方は明らかに両国の文化の影響を多分に受けていますが、同時にバラの繊細な味わいに重きを置く、ペルシャ独自の価値観も見てとれます。

中くらいの大きさの鍋に、水、カルダモン、砂糖を入れて火にかけます。煮立ってきたら、弱火にしてください。砂糖が完全に溶けたら、茶葉を加えます。そのまま弱火で3分煮てから、お好みでローズウォーターを加えましょう。フレッシュミントを添えて供します。

6人分

材料

水　1.4ℓ

砕いたグリーン
カルダモン　6粒

砂糖　大さじ1 (13g)

紅茶　小さじ2 (4g)

ローズウォーター
(お好みで)

ミント
(お茶に添えて供する)

今やちょっとした食料品店に行けば、たいていローズウォーターが置いてあります。けれど、比較的簡単に自作できますし、そのほうが既製品よりずっとおいしくなります。以下に、わたしのつくり方をあげておきましょう。

1. 朝露がすべて蒸発してから、バラの花びらを摘みます。使うのは花びらだけです。茎や葉は使いません。

2. 花びらを丁寧に洗います。

3. 花びらを大きめのポットに入れ、花びらが充分に浸るくらいまで水を入れます。蓋をして、弱火でコトコト煮ていきます（決して沸騰はさせないでください）。花びらの色が抜け、お湯にその色が溶け出すまで煮立てます。ちなみに、このとき表面に浮いているのがローズオイルです。

4. お湯を漉して冷ましてから、冷蔵庫に入れておきます。

重要：花びらは必ず、農薬をはじめとする化学薬品を一切使っていない、摘みたてのものを使ってください。ローズウォーター用のバラを自分で育てるのが難しい場合は　化学肥料を一切使わずにバラを育てていると確実にいえる友人か栽培生産者を探しましょう。

必要な材料がすべて手に入らなかったとしても、おいしいマサラチャイをいれることはできます。牛乳、水、茶葉以外に欠かせない材料は、カルダモン、シナモン、クローブです。この3つのスパイスが、実質的にはすべてのマサラチャイのレシピに必要なベースのスパイスであり、本来おいしいマサラチャイをいれるためにはさまざまなスパイスが必要だといわれますが、基本はこの3つさえあれば大丈夫なのです。

インド式の
マサラチャイ

INDIAN SPICED TEA

間違いなく最近、世界中で、南アジアのスパイスが効いたミルクたっぷりの上品なお茶が好まれるようになってきました。それがマサラチャイです（マサラチャイティーと、重複していわれることもよくあります）。これは、インド亜大陸の人々がお茶を飲むようになってわずか100年ほどしかたっていないという事実を考えると、注目に値することです。けれど、お茶を飲む歴史は比較的短いものの、南アジアの人々も、世界中のほかの国の人々同様、お茶を自分たちの独自の文化にたくみにとりこんでいます。実際、お茶は南アジアの文化に深く根づいているので、文化とお茶を切り離して考えることなどできないほどです。マサラチャイを1番上手にいれる人はだれか、という質問を、南アジアの人に、だれかれかまわずきいてみるといいでしょう。返ってくる答えは、いつも断固として同じです、「それは自分の母親だ！」

というわけで、南アジアの女性と結婚してその家族の一員となったわたしが、結婚してよかったと思ったことの1つが、義理の家族たちがそれぞれにマサラチャイをいれる際の秘伝のレシピやコツを、収集できたことでしょう。何年ものあいだ、インドに行っては、しょっちゅうキッチンにしのびこんで身を隠し、おいしいマサラチャイのいれ方をこっそりメモしてきました。そうやって集めたレシピやコツの集大成を、以下にあげておきます。

中くらいの大きさの鍋に、水、牛乳、カルダモン、ペッパーコーン、フェンネルシード、クローブ、八角、生のショウガを入れて火にかけます。煮立ったら弱火にし、そのまま2-3分、もしくはお好みの味になるまで煮詰めます。その後鍋を火からおろして茶葉を加え、3-4分蒸らしてください。きれいな鍋にいったん漉してもいいですし、そのままティーカップに注ぎわけてもかまいません。お好みで砂糖かハチミツを加えてください。

コツ

茶葉を入れて蒸らし、砂糖を加えたら、わたしはそのマサラチャイを4回沸騰させます。ただし、マサラチャイは吹きこぼれやすいので、慎重に行います。まず1回沸騰させたら、すぐに鍋を火からおろし、泡が消えるのを待ってから、これを3回くり返すのです。これによって砂糖がカラメル状になり、何ともいえない味わいのマサラチャイをつくることができます。また、1つの鍋から別の鍋へと、60-90cmほどの落差をつけて移しかえることもします。これを4-5回くり返せば、チャイを冷ませるのはもちろん、充分空気にさらすことで、一段となめらかな口当たりになるのです。

材料

水	475㎖
牛乳	475㎖
砕いたグリーンカルダモン	6-8粒
ブラックペッパーコーン	8-10粒
砕いたシナモンスティック	1本分
フェンネルシード	小さじ1
クローブパウダー	小さじ1
八角	1個
細かくすりおろした生のショウガ	小さじ1
紅茶の茶葉(アッサム)	小さじ4（8g）
砂糖またはハチミツ（お好みで）	

必要な材料を見つけようと思ったら、地元のインド／パキスタン／バングラデシュ食料品店で探してみるのも一考です。こうしたお店に行けば、ほしいすべてのスパイスが、手頃な値段で置いてあります。実際、こういったところで買い物をしたあとは、「これまでどうしてほかの店でスパイスを買っていたんだろう」と自問しているかもしれません！

ハイデラバードのイラニアンチャイ

HYDERABAD IRANIAN TEA

インドでお茶が
飲まれるようになってから
わずか100年ほどですが、
この亜大陸からは
面白いお茶のいれ方が
いくつか登場してきています。

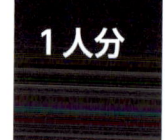

1人分

材料

水	355㎖
紅茶の茶葉 小さじ2	（4g）
牛乳	475㎖
砂糖 小さじ2-3	（9-14g）
砕いたカルダモン 1-2粒（お好みで）	

面白いお茶のいれ方、その多くは、この亜大陸ならではの地理的な位置と文化に起因します。そんなお茶の1つがハイデラバードのイラニアンチャイです。100年ほど前、ペルシャの貿易商人たちがハイデラバードの南にある町に居をかまえ、その町にはそれまでになかったお茶のいれ方を持ちこみました。そして今日では、ハイデラバードでお茶といえばイラン式のお茶、イラニアンチャイを指すようになったのです。

このハイデラバードのイラニアンチャイの面白いところは何といっても、いれ方以外はイギリスのお茶と同じ、という点でしょう。ロシアやトルコ同様、ペルシャ／イラクで飲まれるのも非常に濃いお茶です。この濃いお茶の苦味と渋味を緩和させるため、昔から、角砂糖を口に入れ、それをなめながら濃く煮出したお茶を飲んでいます。砂糖の甘味で、苦味と渋味を中和するのです。ペルシャの貿易商人たちは、地元に溶けこもうと、自分たちが持ちこんだこのお茶に牛乳と砂糖を加えました。その後のことは、ご存知のとおりというわけです。

小さな鍋に水と茶葉を入れて蓋をし、沸騰させます。その後弱火にして、15-20分煮立てます（ハイデラバードのチャイ売りたちは、何時間も煮出して非常に濃いお茶をつくります。あなたも、より濃いお茶をつくってみることを考えてみてください）。小さな鍋に牛乳と砂糖を入れて、弱火にかけます。ときどきかき混ぜながら、20-60分煮立てましょう（お茶と同じで、牛乳も煮立てれば煮立てるほどおいしくなります。とろりとした、濃厚な牛乳ができあがります）。お茶と牛乳ができあがったら、お茶％に対して牛乳％を加えてください。カルダモンを加えたい場合には、牛乳を煮立てているときに入れましょう。

南インドの
ブラック
カルダモン
チャイ

SOUTH INDIAN BLACK CARDAMOM TEA

材料

水	475㎖
砕いたカルダモン	2粒
フェンネル　小さじ2 (4g)	
紅茶の茶葉　小さじ2 (4g)	
牛乳	235㎖
砂糖またはハチミツ(お好みで)	

西洋では、マサラチャイという言葉を、前述したカルダモン入りのローズティーさながら、何か非常に特別なお茶を指すかのように使うことがままあります。けれど、ほとんどの人がわかっていないのですが、マサラチャイというのは実は「スパイスの効いたお茶」のことで、特別なお茶を指すのではなく、お茶の一般的な種類を示しているに過ぎません。ただご想像のとおり、インドに無数のスパイスがあるように、マサラチャイにも実にたくさんの種類があります。

以下にあげるマサラチャイは、インドの南部にある州でとてもよくいれられているタイプのお茶です。南アジアの人々は、古くから伝わる伝統的な飲み物に、実にたくみにお茶をとり入れていっています。このチャイは、子どもの具合が悪いときに昔から飲ませてきた、家庭でつくる飲み物をアレンジしたものです。このレシピでは、ブラックカルダモンを使うことで、もっと伝統的なマサラチャイのレシピでは見られない、スモーキーな味わいと香りを供し、何ともいえない艶っぽさを付加しています。わたしはこのお茶が大好きです。

中くらいの大きさの鍋に水、カルダモン、フェンネルを入れて沸騰させます。蓋をして、お湯が半量になるまで煮詰めます。その後、火からおろして茶葉を入れ、3分間蒸らしてください。それから牛乳を加えます。再度火にかけて、沸騰させます。そのまま2-3分煮立ててから、しっかりと漉して、ティーカップに注ぎわけてください。お好みで砂糖かハチミツを加えましょう。

エチオピアの
お茶

ETHIOPIAN TEA

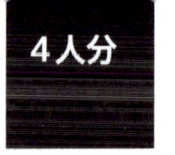

本書では、「本物」のお茶だけを
とりあげることに専心し、
お茶か否かにかんしては、
揺るぎない立場をつらぬいて
いますが、唯一の例外が
このエチオピアのお茶です。
これは、厳密にいえば
ハーブティーであって、
お茶ではありません
（カメリア・シネンシスの葉を
使ってはいないのです）。

このレシピをここに記すのには理由が3
つあります。第1に、とてもおいしいか
ら。第2に、エチオピアの人々が、このお
茶をともにいただく際に示してくれる寛大
な愛情深さは、カメリア・シネンシスの葉
を使っているといっても差し支えないほど
のものだから。そして第3に、エチオピア
のお茶は、世界中のお茶の伝統に影響を
およぼした、19-20世紀の貿易パターン
を明らかにするものだから、です。

エチオピアはインド洋の西側、インドのほ
ぼ真向かいに位置しています。両国には
長い交易の歴史がありますが、それを証
明しているのが、エチオピア式のお茶の
いれ方です。これは、インドの伝統的なマ
サラチャイのいれ方と実質的に同じです。
しかしながらエチオピアは、インドと違っ
て1度も植民地支配されたことがないた
め、貿易財としてお茶が入ってきたことも
1度もありませんでした。そのため、今日
飲まれているエチオピアの伝統的なお茶
は、マサラチャイとよく似ているにもかか
わらず、茶葉が使われていないのです！
言いかえるなら、エチオピアのお茶は、イ
ギリス人が19-20世紀に南アジアにお茶
を持ちこんだという事実をのぞけば、イン
ドの人々も飲んでいるであろうものなの
です。

中くらいの鍋に、水、カルダモン、コショウ
の実、シナモンスティック、フェンネルシー
ド、クローブ、八角、生のショウガを入れて
沸騰させます。その後弱火にして、2-3
分、もしくは好みの味になるまで煮立てま
す。火からおろしたら、オレンジの皮を加
えて、3-4分蒸らしてください。それから、
きれいな鍋にお茶を漉して入れるか、その
ままティーカップに注ぎわけます。お好み
で砂糖かハチミツを加えてください。

4人分

材料

水　946㎖

（砕いた）グリーン
カルダモン　6-8粒

黒コショウの実
8-10粒

砕いたシナモンスティック
1本分

フェンネルシード
小さじ1

クローブパウダー
小さじ1

八角　1個

細かくすりおろした生の
ショウガ　小さじ1

オレンジの皮
小さじ½

砂糖（お好みで）

東南アジアの多くのお茶は、独特で繊細なバニラの香りと味がします。この香りと味を際立たせるなら、砂糖をバニラシュガーにかえてください。バニラシュガーは簡単につくれます。

材料：
グラニュー糖　400g
バニラビーンズ　1本

グラニュー糖を密閉容器に入れます。バニラビーンズに垂直に切れ目を入れたら、ナイフの背で種をしごき出して、グラニュー糖を入れた容器に混ぜ入れます。残ったさやもグラニュー糖の中に埋めて、しっかりと蓋をしてください。そのまま1-2週間置きます。これでバニラシュガーのできあがりです。グラニュー糖を使うお茶のレシピの際に、それをバニラシュガーにかえれば、より深みのある味わいになるでしょう。

材料

水	946㎖
紅茶の茶葉 小さじ4（8g）	
砂糖	150g
氷	
ハーフアンドハーフ （適量）	

東南アジアの テータリック

SOUTHEAST ASIAN TEH TARIK TEA

わたしが、数々の伝統的な すばらしいお茶に初めて 触れたのは、1990年代初頭、 マレーシアの大学で 学んでいたときでした。 そこで出会ったのがマレーシアの 魅力的な伝統文化である ナイトマーケットや スパイスの効いた食べ物、 そしておいしくて甘いお茶、 テータリックです！ ホットでもアイスでも、 このお茶なら、スパイスの効いた 麺類やご飯ものにぴったりです。

小さな鍋でお湯を沸かします。別の鍋に茶葉と砂糖を入れておきます。そこに、沸騰したお湯を注ぎ入れてください。そのまま3分間弱火にかけて、火からおろします。その後さらに30分間、お茶を煮出しては火からおろす作業をくり返します。30分行ったら、お茶を漉して別の容器に入れ、冷ましてください（このお茶は、冷蔵庫に入れておけば数日は保ちます）。

アイステータリックをつくるなら、ハイボールグラスに氷を入れます。グラスの¾まで冷やしたお茶を注ぎ、残り¼にはハーフアンドハーフ（牛乳とクリームを同量ずつ混ぜたもの）を注ぎます（マレーシアのわたしの友人は大半が、ハーフアンドハーフやクリームのかわりに、甘いコンデンスミルクを使っていました。これだと、ものすごく甘いお茶になりますが、暑くてムシムシするマレーシアの夏には、このとびきり甘いお茶が1番です！）。ハーフアンドハーフかクリームを注ぐ際には、ゆっくりと注いで、きれいな2つの層をつくるようにしてください。お茶の層と、クリームの層です。

コツ

テータリックを、ホットで振る舞ったり自分で楽しみたい場合、煮出したお茶は冷まさないでください。煮出したお茶にクリームを入れたら、その鍋を一気に60-90㎝ほど引きあげて、落差をつけながら、別の鍋に中身を注ぎ入れていきます。これを4-5回くり返せば、おのずとお茶が適温になるのはもちろん、充分空気にさらせますから、口当たりも一段となめらかになります。その後、お茶をティーカップに注いで味わってください。

CONTEMPORARY IDEAS
新しいいれ方

伝統的なお茶のいれ方や
コツに慣れてきて、
もっと新しいことをいろいろと試してみたい
と思うようになるにつれ、
お茶を新たな観点からとらえていこう
という動きが活発になってきます。
そこで本章では、昔からある飲み物を
現代的な味わいや感性でアレンジした
さまざまなお茶を紹介しつつ、
これまでになかった
温かいお茶や冷たいお茶の
いれ方について見ていきます。

材料

水	705㎖
フェンネルシード	小さじ1と½（3g）
牛乳	60㎖
紅茶の茶葉	小さじ2（4g）
殻を割って粗く砕いた生のアーモンド	8粒分
砂糖かハチミツ（お好みで）	

アーモンド フェンネルティー （バダムチャイ）

ALMOND FENNEL TEA (BADAM CHAI)

中くらいの鍋に水とフェンネルシードを入れて沸騰させます。牛乳を加えたら、弱火にします。そのまま2-3分煮立ててください。鍋を火からおろしたら、茶葉を加えて3分蒸らします。アーモンドをティーカップにわけ入れておきます。アーモンドの上からお茶を注ぎ入れたら、熱いうちに、砂糖かハチミツを添えて供してください。

材料

紅茶の茶葉 大さじ1 (6g)	
フレッシュバジル 40g さらに、 供するとき用に少々	
水 946㎖	
冷やした万能シロップ 60㎖ (レシピはp.139を参照)	
スライスしたモモ 2個分	

バジル ピーチティー

BASIL PEACH TEA

中くらいの鍋に茶葉とバジルを入れます。別の鍋でお湯を沸かします。沸騰してきたら火からおろして、1分置きます。そのお湯を、茶葉とバジルの上から注いでください。そのまま4-5分蒸らします。万能シロップを加えたら、室温程度まで冷まします。それから、バジルをとりのぞいてください。ピッチャーにモモを入れます。その上からお茶を注ぎ入れ、冷蔵庫で冷やします。氷を入れたグラスに注ぎ、新鮮なバジルの小枝を添えて供しましょう。

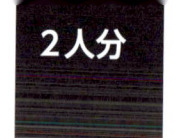

2人分

材料

牛乳　475㎖	
シナモンスティック　3本 さらに、 供するとき用に少々	
紅茶の茶葉 小さじ2（4g）	
ハチミツ（お好みで）	

シナモン クリームティー

CINNAMON CREAM TEA

鍋に牛乳とシナモンスティックを入れ、泡立ってくるまで（だいたい93℃）火にかけます。その後火からおろし、茶葉を加えます。3-4分蒸らしてから、ハチミツを入れてください。ティーカップに注ぎ入れたら、きれいなシナモンスティックを添えて供します。

材料

水	475㎖
刻んだフレッシュミント 48g	
すりおろした 生のショウガ	大さじ1
紅茶の茶葉	小さじ2（4g）
ハチミツ（お好みで）	

ジンジャー ミントティー

GINGER MINT TEA

中くらいの鍋に水、ミント、ショウガを入れて沸騰させます。その後中火にして、さらに3-5分煮立てます。火からおろし、茶葉を加えてください。3分蒸らします。ティーカップに注いでいきます。お好みでハチミツを加えてもかまいません。

材料

水　1.2ℓ	
紅茶の茶葉	
大さじ1（6g）	
へたをとって4等分にした	
イチゴ　455g	
砂糖　150g	
フレッシュバジル　40g	
さらに、	
供するとき用に少々	

ストロベリー
バジルアイスティー

STRAWBERRY-BASIL ICED TEA

水946㎖を火にかけます。沸騰してきたら火からおろして、茶葉を加えます。4分蒸らしたら、お茶をピッチャーに注ぎ入れてください。イチゴをボウルに入れます。残りの水と砂糖を火にかけ、砂糖を完全に溶かします。火からおろしたら、バジルを加えてください。それを10～12分蒸らし、バジルを取り除きます。イチゴと混ぜ合わせて、冷まします。それを、煮出したお茶を入れたピッチャーに注ぎ入れてください。冷蔵庫で冷やします。氷の上から注ぎ入れ、バジルを添えて供しましょう。

材料

白茶	小さじ2-3 (4-6g)
湯	1.2ℓ

メープルシロップか
ハチミツ (お好みで)

ハチミツか
メープル
シロップ入り白茶

WHITE TEA WITH HONEY OR MAPLE SYRUP

ほんの少し変えたり加えたりするだけで、昔ながらのお気に入りの味がまったく新しいものに変わったり、びっくりするほどおいしくなったりすることがあります。この白茶に、わたしが好んで使うのは、ミシガン州のメープルシロップか、アカシアのような、甘さに深みのあるハチミツです。いいハチミツを使えば、ある種の白茶からは失われてしまっていることがままある深みを付加することも可能です。

白茶をポットに入れ、77℃のお湯1.2ℓを注ぎ入れます。そのまま3分蒸らします。その後、ティーカップに注ぎ入れて、メープルシロップを加えてください。

COLD TEA

冷たいお茶

お茶は温かく、
ほっとできる飲み物だと、
往々にして思われています。
けれどお茶には、
素敵な冷たい面もあるのです。
世界中を見ても、
冷たいお茶を好んでいただこう
という傾向は強く、
実際にいただけば、
まったく新しいお茶の魅力を
経験することがままあります。
冷水でお茶をいれるのは、
お茶のさらなるおいしさを知る
すばらしい方法といえるでしょう。
冷水でいれれば、
茶葉に含まれるカテキンが
大量に溶け出すのを防げますから、
多くの温かいお茶につきものの
苦味や渋味といったものがない、
とても甘いお茶をいれることが
できます。

簡単な
水出しのやり方
SIMPLE COLD-STEEPING TECHNIQUES

水出しはおそらく、お茶のあらゆる抽出方法の中でも最も簡単なやり方でしょう。また、お湯とは異なり、まろやかで、自然な甘味のお茶をいれることができます。すべてのお茶が水出しでいれられますが、水出しの場合、同じ茶葉からお茶を抽出できるのは1度だけです。したがって、高価なお茶を水出しするなら、これはとても高級ないれ方ということになります。

水出しをするには、水175㎖につき小さじ1-1と½ (2-3g) の茶葉をボウルやピッチャーなどに入れ、そこに室温程度の水を注ぎ入れます。そのまま涼しい場所に10-12時間置いておき、その後、冷蔵庫に入る容器に移しかえて、冷蔵庫で保存します。水出ししたお茶は、ほんのり冷たいくらいで供するとおいしくいただけます。また、砂糖やハチミツのような甘味料を添えることもままあります。わたしは、いつも寝る前に水出ししておきます。そうすれば、朝起きたときにはおいしいお茶ができあがっているのですから。

アイスティー／サンティー

ICED TEA/SUN TEA

アメリカの中西部および南部で最も人気のある水出しの仕方といえば、日光を利用するものです。この方法は、水出しの理想的な形といってもいいくらいですが、苦味と渋味が多少増します（通常は「ボディがしっかりしている」と見なされます）。これは、日光によってわずかながらお茶が温められ、抽出時間が速くなるからです。一般的な水出しの場合、10-12時間かけて抽出していきますが、太陽光を利用すれば、6-8時間で抽出できます。ふつうの水出しと同じで、サンティーの場合も、水175㎖に対してお茶小さじ1-1と½（2-3g）でつくれます。ガラスの容器に茶葉を入れ、そこに室温の水を満たしてください。蓋をしたら、外に置いて、直射日光に当てます。お茶ができたら、氷をたっぷり入れたピッチャーに注ぎます。よく冷えたお茶に、レモンと砂糖を添えて供しましょう。

日本の
氷出し茶
JAPANESE COLD-STEEPED TEA

最近日本の友人が、実に面白い水出し緑茶のいれ方を教えてくれました。この日本式のやり方は、蒸してつくる、草の香りのする日本の緑茶、それも特に煎茶で冷たいお茶をいれるのに最適です。日本の氷出し茶をつくるには、緑茶小さじ1-2 (2-3g) をボウルに入れ、そこに氷を満たします。氷が溶ければ、お茶のできあがりです。これだと、とても口当たりの軽い、よく冷えた緑茶がつくれます。真夏にいれるこのお茶は、えもいわれぬほどすばらしいでしょう。

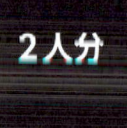

2人分

材料

紅茶	小さじ2（4g）
水	475㎖
砂糖	100g

アメリカ南部を旅行したら、必ず飲むのが南部独特の甘いアイスティーです。このアイスティーを飲んで育った人たちは、ほかのお茶がなかなか口に合わず、このアイスティーを飲まずに育った人たちは、この味に慣れるのにかなりの努力を要します。ロシアやイギリスの伝統的なお茶と違い、このお茶はとびきり甘いものの、濃くはありません。実際、味は二の次で、とにかく甘いお茶なのです。

小さなポットに茶葉を入れます。別のポットでお湯を沸かします。沸騰したら、ポットを火からおろして、1〜2分冷ましてください。その後、茶葉の上から注ぎ入れ、1〜2分蒸らします。お茶を抽出したら、きれいなガラスのピッチャーに注ぎ入れて、砂糖を加えます。氷を入れて、冷やしてください。レモンのスライスを添えて召しあがれ。このお茶は、冷蔵庫に入れておけば、数日は保存できます。

アメリカ南部のアイスティー
SOUTHERN-STYLE SWEET TEA

万能シロップと
インフュージョン

SIMPLE SYRUPS AND INFUSIONS

材料

水	235㎖
砂糖	200g

水出し茶のデメリットは、甘味をつけるのが難しいことでしょう。砂糖やハチミツを溶かすのが容易ではないからです。そこで、冷たいお茶を甘くするなら、万能シロップをつくり、お茶をいれてから加えるのが1番です。

鍋に水と砂糖を入れ、中火にかけます。沸騰させないようにしながら、たえずかき回し、砂糖が溶けたらすぐに、鍋を火からおろします。冷ましてから、手頃な容器に注ぎ入れてください。冷蔵庫に入れておけば、最長2週間保存できます。

冷たいお茶に香りづけをするため、わたしは万能シロップに香りを移しています。ミントの香りの冷たいお茶が飲みたいなら、鍋で砂糖を溶かすとき、そこにいっしょにミントを1束入れて、その香りをシロップに移すのです。シロップができあがったら、あとはミントをとりのぞくだけです。このように香りを移したシロップ「インフュージョン」のバリエーションは無限にあります。フルーツでもハーブ、スパイス、チョコレートでも、何でも試してみてください。

PART 3:
PAIRINGS AND COCKTAILS

お茶に合う食べ物とカクテル

PAIRINGS
お茶に合う食べ物

お茶の味わいを変えようと思ったら、ティーカップの中のお茶そのものを変えるのも１つの方法ですが、それ以外にも、お茶請けを変える、という方法もあります。ワイン愛飲者たちはもう何百年も前から知っていますが、おいしいワインは、ぴったりのおつまみといただくと最高においしくなります。上質なブルゴーニュの赤ワインは、それだけでもおいしいものですが、鴨のレバーパテといただけば、とびきりの味わいになるのです。

お茶の場合も、さまざまな食べ物が同様の効果をもたらしてくれます。中国で飛行機を降りれば、かの地の人たちが、ただお茶だけを飲んでいるのではなく、いっしょにいろいろな種を食べていることに気づくでしょう。中東で過ごせば、大量のクッキーとナッツが、地元のお茶にはぴったりなのがわかると思います。同様に、南アジアの家庭をのぞけば、お茶といっしょに、際限なくおいしい軽食を楽しまないところはまずありません。

西洋世界では、伝統的なお茶への関心が高まるにつれて、お茶請けへの関心も高まってきています。お茶にぴったりのお茶請けは何か。その答えは、お茶の種類に負けず劣らずたくさんあります。というわけで、わたしのお気に入りをいくつかあげてみましょう。ナッツ、種、フルーツ、チョコレート、あるいはチーズです。いずれも、長い年月をかけてあれこれ試し、ようやく見い出した結果です。しかしよくいうように、旅は往々にして、目的地よりもそこに行く過程のほうが楽しいのです。

通常、脂っこいものや塩気のきついもの

は渋味の強いお茶によく合います。脂肪分や塩分が、渋味を中和するのに一役買ってくれるからです。したがって、手軽なナッツや種が、このうえなくぴったり合うのは、渋味の強い緑茶や紅茶、ということになります。たとえば珠茶（ガンパウダー）やダージリン、白琳工夫などです。一方フルーツは、白茶のような、どちらかといえばマイルドなお茶とよく合います。わたしは、ベリー類や核果を、ほのかに花の香りのする白茶、たとえば白牡丹や寿眉と合わせるのがことのほか好きです。それに対して緑茶は、割とチーズによく合います。お茶とチーズの組み合わせに興味があるなら、１番のおすすめは、牛乳を原料とするクリーミーなチーズ、ブリーやブルソーなどです。一方、塩気と香りの強い熟成チーズとお茶との組み合わせは、可能ではありますが、非常に難しいといえます。熟成チーズの素朴な香りが、お茶の香りとぶつかってしまうことがままあるからです。ほかには、チョコレートも面白い組み合わせといえるでしょう。チョコレートの脂肪分がお茶の苦味をかなり消してくれるうえに、その甘味が、お茶の風味を引き立ててくれるからです。ダークチョコレートが往々にしてぴったり合うお茶は、龍井茶（ロンジン茶）のような釜炒り緑茶や、台湾の凍頂烏龍茶といった軽発酵の烏龍茶、プーアール茶をはじめとする素朴な黒茶などです。これに対してミルクチョコレートは、もっとフルボディのお茶によく合います。特におすすめなのが、アッサムや滇紅といった紅茶です。

COCKTAILS
カクテル

昔からあるお茶とお茶を混ぜ合わせるのは、お酒同士を混ぜ合わせてつくるカクテルによく似ています。したがって、この2つの世界が1つになるのは時間の問題でした。バーテンダーは、カクテルにお茶をとり入れるようになり、お茶の愛飲者たちは考えはじめたのです、お茶にアルコールを加えたら、どんな味がするだろうと。この2つの世界の融合を見事に実践しているのが、このうえなくふさわしい場所である、わたしの故郷ミシガン州のデトロイトです。かの地は、アメリカで最もカクテルの似合う街に名前を連ねていますし、『エスクァイア』誌の2014年度「バー・シティ・オブ・ザ・イヤー」にも選ばれています。したがって、デトロイトのバーテンダーたちは、絶妙なバランスの、独創的で実にすばらしいカクテルを生み出す発想と、それをつくる技術にかけては、だれにも負けていないのです。

お茶とアルコールを組み合わせるテクニックを紹介したいのはもちろん、カクテルの世界で用いられているさまざまなテクニックも広く知らしめたいと思ったわたしは、無謀にも、デトロイトで最高の腕を持つといわれるバーテンダーのみなさんに、本書に掲載する、オリジナルのティーカクテルをつくってほしいと頼みました。そうすることで、異なるものが組み合わさったときに生まれるすばらしい力を感じていただきたかったのです。そしてこれが、お茶の新たな伝統や味わい、楽しみ方を創造するきっかけになれば幸いです。

オークランドの イースタン マーケット・ トディ

THE OAKLAND'S EASTERN MARKET TODDY

材料

ダージリンの茶葉
大さじ1（6g）

乾燥させたレモンの皮
小さじ2（4g）

乾燥させた
リコリスの根　小さじ1

水　120㎖

パームシロップ　7㎖

ボンベイジン　60㎖

ザラメ糖
少々(グラスの縁に飾り
つけるだけの量)

シナモンスティック
供するとき用

北アメリカのバーやカクテル、バーテンダーにかんする「ベスト」リストはいろいろありますが、そのどれを見ても、ほぼ必ずあがっているのがバー、オークランドです。国内外で行われる数々のカクテル大会で優勝している2人バーテンダーを抱えるこのオークランドは、革新的なカクテル文化拡大の一翼を担っています。また、デトロイトならではのカクテルづくりのテクニックに世界中の注目が集まっているのも、このバーの存在が大きいといえるでしょう。お茶をベースにしたカクテルをつくってほしいというわたしの無謀な頼みを快く引き受けてくれたのは、チーフバーテンダーのチャス・ウィリアムズです。そして、今の時代にぴったりの、すばらしいホットトディをつくってくれました。それが、ウィリアムズ命名のイースタンマーケット・トディです。このトディを味わえば、伝統的なお茶の製法と伝統的なカクテルのつくり方が融合することで、それはそれはおいしいカクテルができあがることがおわかりいただけるでしょう。

お茶は、スパイスを入れた温かい
飲み物だと誤解されることがままあります。
それゆえ、昔からあるホットトディに
お茶を混ぜてもおかしくはないでしょう。
ただし、ホットトディは概してウィスキー、砂糖、
レモン、スパイスを原料としていますが、
このイースタンマーケット・トディでは、
絶対に欠かせないアルコールとして
ウィスキーのかわりにジンを使い、
独特な香りを付加しています。

ダージリンの紅茶を抽出するため、小さな鍋に茶葉、レモンの皮、リコリスの根を入れておきます。別の鍋に水を入れ、93℃まで温めます。そのお湯を、茶葉などを入れた鍋に注ぎ入れ、3分間蒸らしてください。その後、パームシロップとボンベイジンを加えます。グラスの縁に砂糖を飾りつけ、カクテルを注ぎ入れたら、シナモンスティックを添えて供します。

1人分

材料

アッサムを抽出した エイジドラム 60㎖（レシピを参照）
全乳　60㎖
マサラシロップ 21㎖（レシピを参照）
卵白　1個分
氷
ナツメグ（お好みで）
シナモン（お好みで）

セルデン スタンダード のデュワンズ・ デスベッド パンチ

SELDEN STANDARD'S DEWAN'S DEATHBED PUNCH

ニューオーリンズで生まれたこと以外は見落とされがちですが、ミルクパンチというカクテルは、お茶と合わせるのにぴったりです。伝統的なニューオーリンズのミルクパンチは、牛乳、ブランデー、砂糖、バニラを使い、ナツメグを添えることもあります。ブランデーをのぞけば、この伝統的なミルクパンチの材料は、イギリスやオランダ式のお茶と変わらないなのはいうまでもありません。サトウキビを原料としている、独特な甘味のあるラム酒を使ったデュワンズ・デスベッドパンチを飲めば、2つの伝統的な飲み物がいかによく似ているかがわかるでしょう。

アッサムを抽出したラム、牛乳、シロップ、卵白をカクテルシェーカーに入れ、勢いよく振って、材料を乳化させます。シェーカーを開け、氷をたっぷり入れたら、再度振ります。できあがったら、新しい氷を入れたロックグラスに注いでください。仕上げにナツメグかシナモンのパウダーを振りかけてもいいでしょう。

アッサムを抽出したエイジドラム

アッサムか セイロンの茶葉
トーマス・テューか エルドラド12年、ザヤの ようなエイジドラム

きれいな瓶に、ラム酒175㎖に対し、アッサムかセイロンの茶葉大さじ1（6g）を入れて、そのまま12-24時間置いておきます。紅茶が充分に抽出できたら、ラム酒をきれいな容器に移し入れ、使うまで冷蔵庫で保存しておきます。もし、ことのほか甘い、バニラの香りのするラム酒を使う場合は、せっかくのカクテルが甘ったるくならないよう、マサラシロップなどの分量よりも控えるといいでしょう。

マサラシロップ

水　235㎖
砂糖　200g
すりつぶした黒コショウの 実　大さじ1（6g）
コリアンダーシード 大さじ1（5g）
クローブ　10-12粒
さやから出した カルダモン　10粒
シナモンスティック 1-2本

小さい鍋に、水、砂糖、黒コショウ、コリアンダーシード、クローブ、カルダモン、シナモンスティックを入れて、火にかけます。砂糖が溶けたら火からおろして、冷まします。使うときまで、冷蔵庫で保存しておきましょう。

2014年、生産者直送の新鮮な食材を使用するレストラン、セルデンスタンダードは、アメリカで最もオープンが待ち遠しいレストランの1店にあげられました。エヴァン・ハンセンとシェフであるアンディ・ホリデイの偶然の出会いによって生まれたセルデンスタンダードは、創造性に富んだ食事とすばらしいカクテルがいただけるという街の評判を微塵も裏切らない店です。ここでは季節ごとにメニューを変えていますが、シェフのホリデイが創り出す食事はもちろんのこと、エヴァン・ハンセンが生み出す非の打ち所のないカクテルのメニューまで変えているのです。使用するのはもちろん、地元産の材料だけ。そしてハンセンは、バーのメニューも、レストランの信念と寸分違わぬものを展開し続けています。つまり、気軽に召しあがっていただけるものを、細心の注意を払って用意する、です。この信念は、伝統的なミルクパンチにひねりを加えた、お茶がベースのカクテルにも見てとれます。ちなみに、デスベッド（死の床）などという皮肉な命名をしたのは、ハンセン自身です。

シュガーハウスの
デス
ドアジン

THE SUGAR HOUSES'S GIN
DEATH'S DOOR

材料

イエローシャルトリューズ
14㎖

しぼりたてのグレープ
フルーツの果汁　14㎖

お湯に溶かした
ハチミツ　14㎖
（お湯とハチミツの
割合は1対1）

蒸した緑茶
（できれば煎茶）170㎖

130種類ものハーブや草花を
使ってつくられるシャルトリューズは、
フランスのグルノーブル山中にある
グランド・シャルトルーズ修道院に
ちなんで名づけられました。

フランス以外ではあまり知られていません
が、シャルトリューズは基本的に薬草系の
リキュールです。このフランスの伝統と、
韓国（新鮮なフルーツ）、西ヨーロッパ／
北アメリカ（ハチミツ）、そして日本（煎茶）
の伝統を合わせれば、完璧な蒸留酒（スピ
リッツ）ができあがります。もちろん、デス
ドア（死の入り口）などという風刺たっぷ
りの名前がなくても、このカクテルが21
世紀初頭のおいしいカクテルなのは確か
です。

このカクテルのつくり方は簡単です。す
べての材料を合わせてよく混ぜ、氷の上
から注いでください。

シュガーハウスは、クラフトカクテル
（各バーが独自につくるカクテル）の
ブームがアメリカで最高潮に達した
2011年にオープンしました。オー
ナーのデイヴィッド・クワイアトコウ
スキーは、シカゴのバイオレット・ア
ワーやニューヨークのミルク・アンド・
ハニーのような、アメリカのほかのク
ラフトカクテルラウンジで注目を集
めていたアイデアやテクニックを、デ
トロイトにも根づかせたいと思って
いました。そして、品質に細心の注
意を払い、信念を持ってとり組んだ
結果、シュガーハウスはオープンとほ
ぼ同時に、最も有名なクラフトカクテ
ルバーと肩を並べて語られるように
なったのです。けれどなお重要なの
は、シュガーハウスが要の1つとなっ
て、デトロイトのクラフトカクテル界に
世界的な賞賛をもたらしたことでしょ
う。実際、2013年には、シュガー
ハウスのバーテンダーの1人、ヤニ・
フライがアンゴスチュラの全米カク
テル大会で優勝し、すでに注目を集
めていたこのクラフトカクテルバー
は、さらなる評判を呼んだのでした。
シュガーハウスは、芸術作品といえる
ようなカクテルから、神の啓示のよう
なカクテルまでつくり出す、繊細にし
て大胆な店です。

クリフベルズは、デトロイトでも指折りの豪華なクラブやレストラン同様、1935年にオープンし、ほぼ20世紀をとおして、街の中心的存在でした。ところが1985年、街全体が大幅な投資削減のあおりを受ける中、マホガニーと真鍮からなるこの有名なクラブも閉店し、失われた記憶の1つと化したのです。けれど2005年、現在のオーナーであるポール・ハワード、スコット・ローウェル、キャロリン・ハワードが、友人や隣人、家族の助力を得て、ランドマーク復活のために地道な挑戦をはじめました。そしてこのオーナーチームは、わずか半年で、無限とも思えた復興工事を終えると、世界中の賞賛の的であった有名なクラブを再びオープンさせたのです。以来、アメリカで必見のレストランとして、また最高のジャズクラブの1軒として、必ずその名前があがっています。マホガニーと真鍮をアクセントに配したこの官能的なクラブに足を踏み入れれば、カクテルが象徴する、この国の名士たちが生きた時代へと、いつのまにやらタイムスリップしているでしょう。そんなクラブの伝統を忠実に守りつつ、クリフベルズのバーテンダーたちがつくってくれたのが、昔ながらのウィスキーサワーカクテルで、スティープ・クリフ、つまりは険しい崖という気のきいた名前をつけてくれました！

クリフベルズの
スティープ・クリフ
険しい崖

CLIFF BELL'S STEEP CLIFF

伝統的に、ウィスキー3、苦いもの2、甘いもの1の割合でつくられるウィスキーサワーは、北アメリカで、もし最も有名ではないとしても、1、2を争うほど有名ではあるカクテルです。内外世界で好まれる、濃くて苦い紅茶と砂糖を合わせたスティープ・クリフは、昔ながらのカクテルの現代版ともいえるでしょう。

1人分

材料

材料	分量
バーボン	60㎖
アッサムかセイロンのようなコクのある紅茶	42㎖
万能シロップ	20㎖
しぼりたてのライム果汁	20㎖
氷	
マラスキーノ・チェリー	

バーボン、紅茶、シロップ、ライム果汁を、氷を満たしたコリンズグラスに入れます。よくかき混ぜてから、マラスキーノ・チェリーを添えてください。

材料

シロックピーチウォッカ 42㎖	
リモンチェッロ　42㎖	
ベーレンイエガー　28㎖	
氷	
レモネード	
紅茶	
飾り用のレモン	

ウッドブリッジパブの世界大戦ティー
WOODBRIDGE PUB'S WORLD WAR TEA

世界の人々がアメリカ人のことを評するとき、
よくあがるのが、大げさだの
図々しい、といったことかもしれません。
そんなアメリカ人らしいカクテルといえば、
アイスティーを謳っていながら
その実1滴も紅茶を使っていない
ロングアイランドアイスティーでしょう。
そこにひねりを加えてできあがったのが、
この世界大戦ティーです。

パイントグラスに入れた氷の上から、シ
ロックピーチ、リモンチェッロ、ベーレンイ
エガーを注ぎ、同量のレモネードと紅茶
を加えます。レモンを1切れ添えて供し
ます。

地元の老若男女がこぞって集うレス
トランを探すなら、デトロイトのウッド
ブリッジパブ以外ありません。地元
のビジネスマンや芸術家たちのため
にあろうと専念しているこのパブは、
温かなもてなしと創造性に富んだメ
ニュー、そして伝統的なカクテルに対
する賢明な見解で、評判を呼んでい
ます。そんなウッドブリッジパブの
バーテンダーたちが、お茶をベース
にしたカクテルの創作に挑んで、北
アメリカに行けばどこのパブやレス
トランでも目にすることができるロ
ングアイランドアイスティーをアレン
ジした、世界大戦ティーなどという
皮肉まじりの名前をつけたものをつ
くり出してくれたのは、当然といえば
当然でしょう。

ACKNOWLEDGMENTS

Thank you to Marvin Shaouni for following me to the other side of the world to photograph some of the world's most beautiful regions and for sharing those photographs in this book.

Thank you to everyone who allowed me to tell their story and share their recipes in this book. The dedication they display toward their crafts and skills continually motivates me to give back to our shared communities.

Thank you to Chad Allen, Vijay Hotanahalli, Scott Hill, Paul Wilkes, Cassidy Zobl, Jessica Decker, Jon Dones, Andy Kopietz, Genna Cowsert and Jerald McBride for providing their unique creativity in the Joseph Wesley Black Tea project as well as to the people who agreed to help with the Joseph Wesley Black Tea project even when it was just a vague idea: Clare Pfeiffer, Adam Duke, Tami Slaats, Kathy Lopez, Emma Chen, and Brian Harger.

To my friends who worked will lout reward, provided invaluable advice, goodwill, companionship, or support while I figured out how to share the art and craft of tea with the world, especially Shawn Santo, Kevin Borsay, Doug Fry, Carter Malcolm, Ian McCulloch, Bryan Curry, Dan Cole, Brian Souders, Almir Horozic, Jen Fitzpatrick, Leslie Calhoun, Hyur Tursun, Micah Loucks, and Johanna Kononen.

Thank you to the team at Quarto Publishing Group USA for helping create this book, especially Jonathan Simcosky for his tolerance of my midwestern sensibilities, Regina Grenier for her dedication to creating a look and feel for the book that respects the art and craft of tea, and Alissa Cyphers for her hours of diligence and effort to fix and edit my writing.

Finally, I would like to thank everyone who graciously shared a cup of tea and a moment of their lives with me.

カメラマンについて

ABOUT THE PHOTOGRAPHER

マーヴィン・シャオウニは、デトロイトを拠点にフリーで活動するエディトリアルおよびコマーシャル・フォトグラファーで、食べ物、人物、そして日常の風景を専門としています。

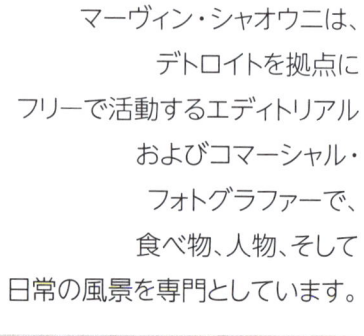

シャオウニが、人や食文化をカメラに収めることに興味を持ったのは、まだ幼いころです。初めてこの国にやってきた移民の親から生まれた、第1世代のアメリカ人であるシャオウニは、家族が集うときが1番のお気に入りです。そこでは、スペイン語やアラム語、たどたどしい英語といったさまざまな言葉が混じり合って、楽しげに（そして高らかに）飛び交っています。もちろん、キッチンからはカリブ海料理や中東料理の、食欲をそそるいい香りが漂ってきています。

オフのときや旅行に出ていないときのシャオウニはよく、バンジョーのクローハンマースタイル（バンジョーの奏法の1つ）を練習しています。住んでいるのは、デトロイト南西部にある、圧倒的にラテンアメリカ系人の多いコミュニティです。

シャオウニの作品が掲載されているのは、『サーフェス』『フードネットワーク・マガジン』『インバイブ』『コンデナスト・トラベラー』『オプラ・マガジン』『アントレプレナー』『アワー・デトロイト』『インク』です。クライアントは、シャイノーラやEMI（ブルーノート・レコードの親会社）、クイッケン・ローンズ、イシュー・メディア・グループ、ミシガン大学、クォート・パブリッシンググループなどです。また、『モデルD』というデトロイトのオンライン週刊誌にも写真を提供しています。HPのアドレスはwww.marvinshaouni.comです。

著者について

ABOUT THE AUTHOR

ジョセフ・ウールのお茶への情熱が開花したのは、1992年、学部学生時代に短期留学プログラムでマレーシアへ行ったときでした。そして、マレーシアでの時間を最大限活用し、生涯にわたる旅をはじめたのです。その後も旅は続き、世界のさまざまな地に滞在しました。ヨーロッパ、ロシア、中国、中央アジア、東南アジア、南アジア、東アフリカ。いずこの地でもすばらしい人々に出会い、それを介して、お茶やその文化をもっと深く理解したいという情熱をかき立てられていきました。

数々の旅の中でおのずとウールは、世界中のすばらしい人々——お茶を栽培し、製造し、そして何よりお茶を心から愛する人々と出会っていきます。その結果、お茶の複雑な歴史や文化、哲学的な側面に、ますます夢中になっていったのです。

ウールは、世界中のすばらしいお茶の伝統や技術といったものを名だたる教室で学んできました。それは、中国南東部に昔から広がるお茶畑であり、熱帯地方マレーシアのキャメロンハイランド、南インドのニルギリ山脈、それに、ケニアのグレートリフトバレーを囲むように広がる、かつての植民地の茶畑などです。こうしてウールは、細心の注意を払いながら、お茶にまつわる無類の冒険をいくつも積み重ね、そのうちのごく一部をのぞいて、人生の糧としていったのでした。

20年以上にわたるこのような旅のおかげで、ウールは、最も心酔している栽培地にも足を運ぶことができたばかりか、何よりも尊ばれているお茶の文化や歴史の一端をも知ることが

できました。中国西部に広がるパミール高原に暮らすモンゴルの人々といただいたヤクのバター茶から、ロンドンでいっしょに堪能させてもらったイギリス式のハイティー、東南アジアでの競い合いに声援を送ったテータリック、そして、インドのどの町に行けば、屋台で最高のチャイが飲めるかという、昔から続く議論に参加させてもらった思い出まで、ウールは旅を介して、このうえなく魅力的で愛すべきお茶にまつわる数々の物語に接することができたのです。

かつてウールは、デトロイトの大きなマルチナショナル法律事務所で弁護士として働いていました。ところが2013年、その仕事に別れを告げ、自身のお茶の会社を立ちあげたのです。その名も「ジョセフ・ウェズリー・ブラックティー」。この会社をつうじてウールは、自分の心をとらえてきたさまざまな物語を広く伝えていっています。もちろん、世界各地の心服する栽培地やお茶の製造業者から仕入れている、お気に入りのお茶の紹介も忘れてはいません。

索引

あ
渥堆　45
アッサム
　味　26
　イギリス式　106
　インド式　117
　オランダ式　106
　産地　16-17, 54
　スティープ・クリフ　152
　デュワンズ・デスベッドパンチ
　　148
　トルコ式　110
　ロシア式　109
アメリカ南部のアイスティー
　138
阿波晩茶　45
安化黒茶　45
アーモンドフェンネルティー
　128
アールグレイ　16, 106
イギリス式のいれ方　102,
　106
萎凋
　烏龍茶　39
　黄茶　42
　紅茶　36
　室内萎凋　23
　白茶　34, 35
　日光萎凋　23
　緑茶　31
イラン式のいれ方　118
いれ方
　イギリス式　102, 106
　イラン式　118
　インド式　117, 121
　エチオピア式　122
　お茶を選ぶ　76-79
　オランダ式　102, 106
　簡単ないれ方　100-101
　工夫茶　103
　サンティー　136
　煎茶道　103
　茶器を温める　100
　茶器を選ぶ　80-85
　茶葉を入れる　100
　東南アジア式　124-125
　トルコ式　110
　道具　86-87
　日本の氷出し茶　137
　別の茶器に移しかえる　101
　ペルシャ式　114
　水出し　135, 137, 139
　蒸らす　99, 101
　モロッコ式　112, 113
　湯どおし　101
　ロシア式　109
イングリッシュ・ブレックファスト
　16, 106

インド式のいれ方　117, 121
インフュージョン　139
イースタンマーケット・トディ
　147
ウッドブリッジパブ(レストラン)
　155
烏龍茶
　萎凋　39
　乾燥　41
　殺青　24
　賞味期限　88
　揉捻　24
　水金亀　41, 51
　台湾　41
　大紅袍　40, 41, 51
　鉄観音　39, 41, 51
　鉄羅漢　41, 51
　凍頂烏龍茶　41, 143
　白鶏冠　41, 51
　発酵　20, 24, 39
　武夷烏龍茶　41
エチオピア式のいれ方　122
お茶に合う食べ物　143
お茶を選ぶ
　味わう　79
　季節　76, 77
　原材料　79
　涼やかさ　78
　選択のパラドックス　76
　ともに楽しむ　79
　ぬくもり　78
お茶を感じる　92-93
オランダ式のいれ方　102,
　106
温州黄湯　43
オークランド(バー)　147

か
香りの強いお茶　31
カクテル(レシピの項も参照)
　イースタンマーケット・トディ
　　147
　スティープ・クリフ　152
　世界大戦ティー　155
　デスドアジン　151
　デュワンズ・デスベッドパンチ
　　148
化合物　56
カビ　45
カフェイン　33, 56-57
釜炒り
　色　20
　香り　20
　黄茶　42
　工程　32
カルダモン
　イラン式　118
　エチオピア式　122

デュワンズ・デスベッドパンチ
　148
　ペルシャのローズティー
　114
　南インドのブラック　121
乾燥
　烏龍茶　41
　科学的　25
　黄茶　43
　黒茶　45
　白茶　34
　茶葉の水分含有量　25
　中国　31
　天日干し　31, 34
　籐製の乾燥機　31
　発酵　24, 25
　緑茶　30
簡単ないれ方　100-101
蓋碗　83, 103
黄茶
　萎凋　42
　釜炒り　42
　乾燥　43
　賞味期限　76, 88
　堆積　42-43
　タンニン　97
　発酵　42
　北港毛尖　43
　ポット　81, 83
嗅覚による誘導錯覚　71, 93
急須　83, 103
金駿眉　51
金尖茶　45
宜興茶器　84, 103
玉露　31, 53, 103
銀針　35, 85, 99
祁門紅茶　50
工夫茶　103
クリフベルズ(ジャズクラブ)
　152
黒茶
　渥堆　45
　阿波晩茶　45
　安化黒茶　45
　カビ　45
　乾燥　45
　金尖茶　45
　康磚茶　45
　湖南省の茯磚茶　45
　青石糸　45
　殺青　24, 45
　収納器　89
　賞味期限　88
　揉捻　45
　熟茶プーアル　45
　青磚茶　45
　天日干し　31
　生茶プーアル　45

～ ガイアブックス ヒストリー ～

ガイアブックスでは、新刊本、過去の本、初期のころの絶版本に至るまで、書店にはあまり置いていない全てのガイアブックスの本を取り揃えております。ご覧になりたい方は、下記の発行所 ガイアブックス までお問い合わせ下さい。

The Art and Craft of TEA
茶楽

発　　　行	2017 年 2 月 1 日
発　行　者	吉田　初音
発　行　所	株式会社 **ガイアブックス**
	〒107-0052
	東京都港区赤坂 1-1-16　細川ビル
	TEL.03 (3585) 2214
	FAX.03 (3585) 1090
	http://www.gaiajapan.co.jp

Copyright GAIABOOKS INC. JAPAN2017
ISBN978-4-88282-975-1 C2077

著　者： **ジョセフ・ウェズリー・ウール** (Joseph Wesley Uhl)
　　　　p.157 参照

カメラマン： **マーヴィン・シャオウニ** (Marvin Shaouni)
　　　　p.156 参照

監修者： **磯淵 猛** (いそぶち たけし)
1951 年愛媛県生まれ。日本の紅茶研究における第一人者。青山学院大学卒業後、大手商社に入社して貿易を覚えるうちに紅茶の魅力に惹かれ退社。28 歳で紅茶専門店「ディンブラ」を開業する。スリランカなどの紅茶の輸入販売を手がけ、各地の紅茶の特長を生かした数百種類のオリジナルメニューを開発する。大ヒットした「キリン　午後の紅茶」にはアドバイザーとしてかかわり、30 年におよぶロングセラーに導く。また、モスバーガーが運営する「紅茶とワッフルの店・マザーリーフ」のアドバイザーも務める。紅茶にまつわる著書は 40 冊を超え、講演も大人気で、多くの紅茶ファンを魅了し続けている。

翻訳者： **岩田佳代子** (いわた かよこ)
清泉女子大学文学部英文学科卒業。訳書に、『ジェムストーンの魅力』『ケビン・マクラウドの最新カラーデザイン』『実用540 アロマセラピー ブレンド事典』『心がおだやかになる自然風景 100 の塗り絵』(いずれもガイアブックス)など多数。